ROMANS

historiques

DU

LANGUEDOC

PAR

Frédéric Soulié.

II

PARIS,

Ambroise Dupont, éditeur,

7, RUE VIVIENNE.

1836.

ROMANS
HISTORIQUES
DU LANGUEDOC.

II

IMPRIMERIE D'ADOLPHE ÉVERAT ET Ce,
16, rue du Cadran.

ROMANS
historiques
DU
LANGUÉDOC
PAR
Frédéric Soulié.

II

PARIS.
AMBROISE DUPONT, ÉDITEUR,
7, RUE VIVIENNE.

1836.

LES ROMAINS.

SILIA.

I.

Parmi les flots d'une foule immense qui se pressait dans les rues de Nîmes, marchaient avec peine deux jeunes gens auxquels personne ne faisait attention quoique tous deux méritassent d'être remarqués dans cette cité de débauche et de luxe. L'un était un jeune homme grand, aux cheveux noirs, au teint brun, à l'œil fier et ardent; l'autre une belle vierge au visage délicat, à la chevelure noire comme son frère ; car ces deux jeunes gens étaient frère et sœur. Leur beauté était merveilleuse, et sans doute elle eût été hautement admirée, si à cette heure, on était à la première heure du jour, il se fût trouvé dans la rue une autre classe de personnes que celles qui l'encombraient. Ceux qui se hâtaient ainsi de toutes parts étaient des gens du peuple qui cependant n'allaient point à leur travail, car aucun ne portait avec lui ses instruments de labeur. Les seuls qu'on rencontrât avec les signes de leur métier et qui avaient un air affairé et important étaient les coiffeurs tenant à la main leurs réchauds et leurs fers à friser. Ceux-là, courant d'une maison à l'autre, allaient en sens divers ; le reste de la population marchait dans une même direction et semblait se rendre vers un point de réunion générale.

Il était facile de deviner que les jeunes gens dont nous avons parlé étaient étrangers ; ils avançaient timidement dans la foule, interrogeant tous les monuments de l'œil comme pour reconnaître un endroit qu'on leur avait indiqué et qu'ils ne découvraient point.

D'abord ils avaient essayé de s'adresser aux passants ; les uns ne leur avaient pas répondu et les autres l'avaient fait avec une telle brutalité que plusieurs fois Cnéius avait été sur le point de répliquer avec le geste à ceux qu'il avait interrogés. Mais le regard alarmé de Chrysis sa sœur l'avait arrêté chaque fois.

Ils arrivèrent ainsi jusqu'au forum, où ils remarquèrent un rassemblement formé sous le portique. Au milieu de ce rassemblement un homme déclamait avec une violence qui quelquefois excitait les murmures de la foule et le plus souvent ses éclats de rire. C'était un poëte que des écoliers sortant de la leçon d'un rhéteur avaient trouvé endormi. Ils l'avaient éveillé et l'avaient excité à déclamer des vers. Mais celui-ci s'était mis au contraire à déclamer d'abord contre les écoliers, puis contre leur maître, puis contre le siècle. Il en était là quand Cnéius et Chrysis se joignirent à la foule à laquelle il parlait à peu près en ces termes :

— Oui, disait-il, tous les arts sont perdus dans notre siècle, bien mal nommé le siècle de fer, mais qui est assurément le vrai siècle d'or. Chez nos ancêtres, qui n'avaient d'autres passions que la vertu, tous les arts fleurissaient ensemble. Démocrite passa sa vie à extraire le suc des plantes, pour surprendre les secrets de la nature; Eudoxe vieillit sur la cime d'un rocher d'où il étudiait le marche des astres. Chrysippe pour exciter sa pensée à l'invention prit trois fois de l'ellébore. Lysippe mourut de chagrin de l'imperfection d'un seul trait dans une de ses statues. Miron, qui, pour ainsi dire, enfermait dans l'airain l'âme et la vie des animaux, n'a pas trouvé un héritier qui osât se charger de sa succession. Que sont devenues la philosophie, l'astronomie et la dialectique? Quel homme va encore dans le temple pour demander aux dieux la sagesse et la prudence? on n'y va même plus pour leur demander la santé; les uns vont leur demander la découverte d'un trésor caché, les autres leur font un vœu si en rentrant ils trouvent mort celui dont ils doivent hériter, fût-il leur père. Et comme c'est de l'or qu'on demande, c'est avec de l'or qu'on implore. Le secours de Jupiter est à vendre, et dans la dernière disette le sénat lui a promis mille talents d'argent s'il la faisait cesser. Il eût mieux valu sans doute employer les talents à acheter des blés ; mais les prêtres avaient besoin de cet or pour renouveler leurs robes et leurs couronnes dorées. Que vous demandent vos magistrats et vos juges ? de l'or. Sans doute ce n'est plus aujourd'hui le temps de Titius où les sevirs venaient s'asseoir à leur tribunal ivres du vin qu'ils avaient reçu de leurs clients, gorgés du gibier offert par les plaideurs ; abrutis à ce point que Graïus Lena avait fait percer sa chaise et placer un vase dessous ; non, ce n'est plus par le vin et les provisions qu'on corrompt les juges, c'est par l'or ; vos juges sont maigres et jaunes ; ils ne vivent que de pois chiches et de vache morte (1) et ils joignent l'avarice à la cupidité. Voilà ce que vous êtes, citoyens ; applaudissez-vous.

Le peuple avait ri volontiers de toutes les attaques du poëte, parce qu'elles ne s'adres-

---

(1) *Morte qui n'a pas été tuée.*

saient qu'aux prêtres et aux magistrats ; et il l'excitait à continuer, lorsque le rhéteur Flavius, qui était sorti de son école et qui s'était mêlé à la foule, s'écria impétueusement :

—Qui es-tu, misérable, pour oser attaquer ainsi tout ce qu'il y a d'honorable dans cette illustre cité ; ce que tu es je vais te le dire, tu es un Grec. Ce que c'est qu'un Grec, je vais te le dire encore. C'est un homme, et il vient tous les ans des troupeaux de ces hommes, c'est un homme venu de Sicyone, ou d'Andros, de Samos ou de Tralles, d'Amydon ou d'Aballandes ; personne ne le sait : il arrive à la ville et va se placer aux abords du Capitole ou à la porte Italique. Il adresse un salut humble et rampant à tous ceux qui passent et qu'il sait avoir des richesses, car le Grec s'est informé d'abord de ceux qui sont riches, puis de ceux qui sont crédules, puis de ceux qui sont débauchés, enfin, de ceux qui sont généreux ; quand il a vainement essayé de vivre aux dépens des vices, il se rabat sur la vertu. Malheur cependant si celui à qui le Grec a parlé l'a écouté, deux fois malheur s'il lui a

répondu; trois fois malheur s'il l'a questionné.
Le Grec lui est devenu nécessaire. Un Grec
est un homme qui est plusieurs hommes, qui
est tous les hommes. Un Grec est grammairien,
rhéteur, géomètre, peintre, baigneur, augure,
danseur de corde, médecin et magicien; que
n'est pas un Grec affamé? Il est même poëte,
vous le voyez! Censeur des absents, il est le flatteur de ceux qui l'écoutent; son intrépidité en
ce genre dépasse toutes les bornes; pour lui un
malade efflanqué est un hercule ; le maître
qui chante comme un coq est Amphion; si
vous l'introduisez dans votre maison et que
votre aïeule ait un testament à faire, il lui
dira qu'elle est la jeune Hebé; si elle est triste,
il pleurera, si elle sourit il éclatera de rire ;
si elle a froid en été, il mettra six tuniques ;
si elle a chaud en hiver, il suera sur un lit
de neige. Tout ce que peut faire un Grec est
incroyable, et pourtant en voici un qui n'a pu
se faire la barbe ni les ongles; peuple, crache
sur ce fumier.

Le rhéteur aurait exécuté la menace, si à
l'instant même Eumolpe le poëte n'avait fait

un mouvement violent; mais Eumolpe n'évita l'outrage du rhéteur sur son visage que parce qu'il en avait reçu un autre plus bas et du côté opposé. Le signal donné, les coups tombèrent comme la grêle sur le malheureux poëte. Il s'échappa cependant grâce au bruit d'une trompette qui, du haut du palais, fit entendre des sons éclatants: C'était un des hérauts de la ville chargé d'annoncer l'heure du jour. A peine les écoliers eurent-ils entendu ce signal qu'ils s'écrièrent tous :

Au cirque, au cirque, nous n'aurons plus de place.

En un instant le forum fut libre, et il n'y demeura que le poëte, qui avait enveloppé sa tête du pan de son manteau. Chrysis et Cnéïus, cachés à l'écart, le regardaient avec pitié et allaient s'approcher de lui, lorsque Eumolpe qui se croyait seul, se releva, se rajusta avec une parfaite sécurité, secoua la poussière de sa robe et reprit son air important et assuré. Cnéïus était devenu pensif en entendant les discours du poëte et du rhéteur; car le poëte avait raison contre le rhéteur et le rhéteur contre le poëte; la ville était ce qu'avait dit le premier, le premier était ce qu'avait dit le second.

Cependant Eumolpe aperçut les deux jeunes étrangers et les regarda en silence. Quoiqu'ils ne portassent pas extérieurement les signes de l'opulence, leurs traits et leur maintien avaient un air de dignité qui disait assez qu'ils étaient d'une naissance et d'une éducation au-dessus du vulgaire. L'imagination active du Grec bâtit à l'instant une histoire sur ces deux jeunes gens. C'étaient le frère et la sœur, leur ressemblance le prouvait : ils avaient perdu leurs parents, on le voyait à la couleur blanche de leur pallium, et ils venaient chercher à Nîmes quelque riche parent qui les recueillît et les adoptât.

Eumolpe, aussi persuadé de la fable qu'il venait de rêver dans son imagination que s'il en avait tenu en ses mains des preuves assurées, s'avança vers les deux jeunes gens et leur dit d'un ton qu'il crut capable de leur imposer :

—Étrangers, que venez-vous faire dans cette ville? Ne savez-vous pas qu'il n'est permis de l'habiter qu'autant qu'on a prouvé à l'édile qu'on possède des moyens d'existence ?

— Aussi, répondit Cnéius, prouverai-je à l'édile et à tous que j'existe, et, par conséquent, que j'ai les moyens d'exister.

Le ton dont Cnéius avait fait la réponse était peu engageant ; mais le Grec revint à la charge et reprit :

— Sans doute, vous êtes trop beaux l'un et l'autre pour ne pas trouver à Nîmes des moyens d'existence plus que vous n'en voudrez ; mais ta toilette est trop négligée, jeune homme, et celle de ta sœur trop sévère, si c'est de votre beauté que vous attendez votre fortune. Ton pallium retombe sans grâce ; ta ceinture est trop serrée, et la tunique de ta sœur est attachée trop près du cou et descend trop sur ses pieds.

L'indignation fit rougir Cnéius et la pudeur Chrysis.

— Laisse-nous, s'écria le jeune homme ; laisse-nous, vil histrion, ou je forcerai ta langue au silence en te l'arrachant de mes mains.

Cnéius fit un mouvement pour s'éloigner ; mais le Grec l'arrêta et lui dit :

— Tu es bien élevé, jeune homme, et tu dois avoir fait de bonnes études ; tu sais donc, car je suis sûr que tu as appris la rhétorique, qu'une supposition fâcheuse est permise dans la discussion pour arracher un aveu honorable à son adversaire. Ton indignation m'a dit que tu étais un jeune homme courageux et de bonnes mœurs, et j'en suis ravi ; car elles deviennent si rares qu'on se sent le cœur réjoui quand on les rencontre, surtout sous des traits si charmants.

L'instinct pudique de la jeune fille se révolta autant de la louange que de la supposition ; mais la vanité de Cnéius en fut flattée, et il répondit au poëte :

— Eh bien, puisque tu as découvert ce que tu voulais savoir, informe-moi d'une chose que je cherche vainement depuis ce matin. Dis-moi la demeure de Silia.

A ce nom de Silia, le Grec parut réfléchir. En effet, il cherchait dans les informations qu'il avait prises la veille si le nom de Silia s'y trouvait. Enfin, il le rencontra dans sa mémoire, comme un avocat qui découvre le nom d'un de ses clients sur l'enveloppe des papiers qui concernent sa cause ; et de même qu'avec le nom l'avocat retrouve tous les renseignements de sa cause enfermés sous l'enveloppe, le poëte retrouva à côté du nom de Silia tout ce qui lui en avait été raconté.

— Silia, s'écria-t-il, non-seulement je puis te conduire à sa maison, mais je puis t'introduire auprès d'elle. Silia est une noble dame romaine exilée à Nîmes par ordre de l'empereur Néron, qui ne put triompher de sa beauté, non à cause de la résistance qu'elle fit, mais à cause de l'étrange faiblesse qui s'empara de lui à l'aspect de tant de charmes.

Cnéius et Chrysis détournèrent la tête avec confusion, et quelques larmes arrivèrent à leurs yeux. Eumolpe continua :

— Silia, c'est la femme du sénateur Cnéius Silanus, le plus brave soldat de l'empire et son plus grand orateur, deux fois consul, l'honneur de Rome et l'espérance du peuple.

Aux premières paroles d'Eumolpe, le jeune

homme et la jeune fille l'avaient regardé avec une certaine joie orgueilleuse ; mais la tristesse les reprit à la dernière partie de sa phrase, et Cnéïus répondit avec une douleur imprudente :

— Hélas ! il n'est plus l'espérance du peuple ni celle de ses enfants ; il nous a tous laissés orphelins.

A cette parole, Eumolpe fit un geste d'étonnement très-prononcé ; il devina qu'il avait devant lui les enfants de Cnéïus ; mais ceux-ci, qui avaient détourné la tête pour essuyer leurs larmes, ne virent ni la surprise ni la joie d'Eumolpe, et ne pensèrent pas avoir trahi le secret de ce qu'ils étaient, quand ils l'entendirent continuer d'un air tout-à-fait indifférent.

— C'est un grand malheur pour la patrie que la mort de Silanus ; mais tout le monde n'en jugera peut-être pas ainsi, et sa veuve sera peut-être la première à se réjouir de la liberté qu'elle attend depuis si long-temps.

— Tais-toi, s'écria Cnéïus, et conduis-nous en silence.

Le Grec n'apprit point ce qu'il voulait savoir; car il ignorait si les enfants de Silanus étaient ceux de son épouse Silia ou ceux d'une première femme ; il remit à s'en assurer au moment où il verrait Silia. Après un silence assez long, pendant lequel le Grec et les deux jeunes gens marchaient vers une rue toute bordée de demeures magnifiques, Eumolpe reprit :

— La justice qui s'est enfuie de la terre est-elle de même exilée du ciel, ou bien les dieux veulent-ils abandonner à ce point le peuple romain, qu'ils lui enlèvent ses plus nobles citoyens par la mort, lorsqu'ils sont à peine dans la maturité de l'âge et encore dans toute leur force?

Cnéius, à ce nouvel éloge de son père, ne put encore retenir sa langue, et répondit :

— Ce ne sont pas les dieux qui ont disposé des jours de Silius, c'est lui-même. Il s'est tué pour échapper à l'ignominie des combats du cirque. Dernièrement au spectacle, il eut l'imprudence de raconter devant Néron qu'un jour, s'étant écarté du camp, dans une de ses campagnes d'Afrique, il avait été surpris par l'approche d'un lion, et que, seul et armé seulement de son glaive, il avait combattu le lion et l'avait tué. Néron fut si surpris de cette action, qu'il voulut que Silius en justifiât la vérité, et il lui ordonna de descendre sur-le-champ dans l'arène pour y combattre un lion. Silanus fit demander son épée; et, pendant qu'il semblait en examiner la pointe, il se l'enfonça dans la gorge, et mourut ainsi devant le peuple et sous les yeux de l'empereur. Celui-ci fut si irrité qu'il fit jeter son corps aux Gémonies, confisqua ses biens et proscrivit ses enfants.

— Sans doute il ne les connaissait pas? dit le poète en examinant la beauté des deux jeunes gens.

— Non, reprit naïvement Cnéius, car ils vivaient hors de Rome, dans une ferme de leur père, à l'abri des colères et des desirs de Néron.

— Les dieux en soient loués pour eux; et maintenant arrêtons-nous, car nous voici devant la demeure de Silia; et, comme vous m'intéressez, je vais tâcher de vous introduire chez elle. Attendez-moi un moment sur le seuil; car, si vous vous présentiez ainsi, vous seriez repoussés par les esclaves.

Cnéius voulut suivre Eumolpe dans la maison; mais Chrysis retint son frère en lui disant:

— Rappelle-toi que notre père nous a dit souvent que si nous devions un jour demander asile à notre mère, nous eussions à nous présenter chez elle comme des inconnus, et de ne révéler qu'à elle-même notre arrivée.

Cnéius approuva du geste ce que sa sœur venait de dire, et suivit de l'œil Eumolpe, qui était en discussion avec le gardien de la porte.

Celui-ci, à l'aspect misérable du poète, le repoussait avec colère et le menaçait de la dent du chien de garde, qui existait réellement, quoique son image fût peinte comme d'habitude sur la muraille du couloir qui servait d'entrée. Mais l'impertinence du portier n'était pas de force à se mesurer avec celle du poète; et celui-ci lui répliqua avec tant de hauteur :

— Esclave, va dire à Silia qu'Eumolpe le

poète lui apporte des nouvelles de Rome et de Silanus ,

Que le portier crut devoir obéir à un homme qui venait de Rome et qui apportait des nouvelles du mari de sa maîtresse.

Il lui permit donc de passer, et chargea un autre esclave qui se tenait dans l'atrium de faire avertir Silia de l'arrivée de cet étranger.

Nous allons laisser un moment Cnéius et Chrysis assis sur un banc de pierre devant la porte de leur mère. Nous quitterons aussi Eumolpe se promenant gravement dans l'atrium, tout en rajustant les plis de sa robe et en essayant de leur donner de la grâce à défaut de richesse et même de propreté, et nous allons pénétrer avec l'esclave dans l'intérieur de la maison de Silia.

Quoique Silia demeurât seule, elle avait conservé l'habitude des femmes qui habitaient avec leur mari; et, jusqu'à l'heure où elle descendait dans le tablinium ou salon de réception, elle se tenait dans le gynecée, qui occupait l'étage supérieur de la maison.

Ce jour là Silia s'était éveillée avec le soleil,

mais seule dans sa chambre, la tête appuyée sur sa main et encore couchée sur son lit, elle paraissait réfléchir profondément. Ses réflexions étaient interrompues de temps en temps par un geste ou plutôt par un mouvement uniforme. Elle cherchait de la main, sur son lit, un miroir d'acier poli qui s'y trouvait, l'approchait de son visage et s'y examinait avec soin; elle écartait ses lèvres du bout de son doigt pour voir ses dents jusqu'à leur racine; elle touchait de même ses joues et semblait interroger leur fermeté; elle approchait et éloignait alternativement son miroir, et lui présentait alternativement toutes les parties de son corps; car la petite dimension de l'acier poli ne lui permettait pas de s'admirer tout entière, comme pourrait faire une de nos modernes coquettes. Enfin, elle parut contente de son examen; et, résumant en un mot sa satisfaction et ses projets, elle se leva en disant :

— Je veux être encore plus belle.

Dès qu'elle fut debout, elle frappa dans ses mains, et une jeune esclave, qui attendait le signal, entra dans la chambre de sa maîtresse :

c'est à peine si celle-ci daigna lui parler. Un geste lui demanda si le bain était prêt. L'esclave lui répondit qu'il attendait depuis longtemps. Le palais de Silia était une de ces magnifiques habitations qui renfermaient, non-seulement tous les objets de première nécessité, mais encore tous ceux qui n'étaient que le partage du luxe le plus opulent. Déjà, depuis longtemps, il n'y avait que le menu peuple qui fréquentât les bains publics, dont le prix était si minime, que les plus pauvres y trouvaient place. Presque toutes les maisons avaient leurs salles de bains particulières; mais ce n'était que dans les plus riches qu'on trouvait réunis à la fois les étuves, les bains tièdes et les bains froids. Le palais de Silia les possédait, et elle en faisait un usage journalier. D'abord elle entra dans la salle des étuves; et, voulant encore exciter la transpiration, que la vapeur ne rendait pas assez abondante, elle prit de chaque main une espèce de massue et l'agita en faisant tourner ses bras comme les ailes d'un moulin à vent. Quand cet exercice violent eut fait ruisseler la sueur de ses membres, de jeunes esclaves séchèrent le corps de leur maîtresse au moyen de racloirs d'ivoire, d'argent ou d'écaille, tandis que d'autres pétrissaient avec leurs pouces la peau des jointures, afin de les rendre plus souples. Après ces premiers soins on transporta Silia, presque anéantie de fatigue, dans un bain d'eau tiède, où elle ne resta que le temps nécessaire pour s'accoutumer à une température moins élevée; et, sortant elle-même de son bain, elle alla se jeter tout aussitôt dans un vaste bassin de marbre plein d'une eau fraîche et parfumée, d'où elle sortit, et dans lequel elle se replongea plusieurs fois pour accroître l'effet de l'immersion.

Enfin, elle quitta le bain, et entra dans sa chambre, où elle faisait sa toilette, la peau fraîche, tendue, souple comme celle d'une jeune fille de seize ans.

Ses jeunes esclaves, en la voyant entrer ainsi toute nue, se récrièrent sur sa beauté et lui firent mille compliments. Daphné, celle qui tenait le manteau de laine dont Silia devait s'envelopper pendant que l'on allait s'occuper de la toilette de sa tête, le tint suspendu un moment sur les épaules de sa maîtresse, et s'écria :

— Hâtez-vous d'admirer la déesse ; je vais la faire disparaître.

Silia sourit à la flatterie de Daphné, et s'enveloppa dans le vaste pallium et s'assit devant sa toilette, qui supportait un grand miroir d'argent, dont un esclave était chargé d'entretenir le poli en le frottant tous les jours avec son pouce. Les soins de la coiffure commencèrent d'abord. Non-seulement il y avait dans la chambre les esclaves qui s'occupaient spécialement de ce soin, mais encore celles qui devaient seulement donner leur avis ou faire des observations sur un détail négligé. Le choix de la coiffure ne fut pas long. Silia, au dire de tout Nîmes, était belle comme Minerve; belle, rien de plus, disait-on ; et, comme Minerve, elle se coiffa d'un casque, non point d'un casque d'acier ou d'or, mais d'un casque élevé avec ses cheveux; non point surmonté d'un hibou, mais de fleurs artificielles faites par une esclave égyptienne que Silia avait payée d'un prix énorme pour l'enlever à Fortunata, la femme du duumvir Bibulus.

Pendant qu'on s'occupait de sa coiffure, on remit à Silia plusieurs lettres. Elle lût la première avec curiosité et inquiétude ; puis, quand elle parut rassurée sur le contenu de la lettre, elle prit un style, écrivit quelques mots sur des tablettes, et chargea une de ses esclaves, la plus jolie, et, disait-on, la moins sage, d'aller la remettre à ce même Bibulus.

Silia rejeta ensuite plusieurs lettres dès qu'elle en eut reconnu l'écriture, et, enfin, en prit une dernière, qu'elle ne lut qu'après l'avoir long-temps examinée : comme si cette lettre devait renfermer une fâcheuse nouvelle, Silia sembla faire effort pour se décider à l'ouvrir ; mais, dès qu'elle y eut jeté les yeux, elle ne la quitta plus et l'acheva d'un trait ; puis elle la recommença et la relut tout entière sans s'arrêter : la seconde fois, la lecture fut plus lente ; Silia parut se complaire à tous les mots, et souvent le mouvement de ses lèvres semblait dire qu'elle eût voulu répondre par un baiser aux phrases qui la charmaient. Sa coiffure était terminée depuis longtemps qu'elle lisait encore. Lorsqu'elle eut achevé, elle demeura long-temps muette et pensive ; et, ne s'occupant point des regards de ses esclaves qui suivaient curieusement sa distraction : elle prit ensuite des tablettes et commença à écrire ; mais ses yeux s'étant arrêtés sur la première lettre, à laquelle elle avait répondu, Silia effaça le peu de mots qu'elle avait tracés et rejeta les tablettes avec humeur. Elle semblait ensemble désirer et craindre de répondre. Alors elle regarda autour d'elle, comme pour chercher un moyen de sortir de son embarras : elle vit des fleurs que de jeunes canéphores venaient d'apporter dans des corbeilles ; elle en choisit quelques-unes et les arrangea dans sa main. Mais, soit que Silia ne pût trouver celles qui convenaient à la pensée qu'elle voulait exprimer, soit qu'elle n'osât la confier à un langage trop facile à deviner, elle rejeta les fleurs comme elle avait rejeté les tablettes, et retomba dans son embarras.

Elle en était là lorsque deux esclaves, jeunes gens à peine sortis de l'enfance, apportèrent une table de citronnier d'Afrique. Ce bois, qui nous est demeuré inconnu, était alors estimé plus précieux que l'or. En voyant la table et les fruits dont elle était chargée, Silia sourit. Toute son inquiétude cessa et elle s'approcha de la table avec empressement. Ce ne pouvait être le plaisir qu'elle comptait éprouver en faisant son repas, car elle y toucha à peine.

D'abord elle fit claquer ses doigts, et une vieille femme, qui s'était toujours tenue dans un coin de la chambre, s'approcha à cet ordre. Silia lui fit un signe, et la vieille s'assit en face de la belle coquette. Celle-ci entama du bout des dents quelques fruits, et les jeta à la vieille, qui les dévora avec avidité. Silia semblait s'amuser à ce jeu, et, à chaque fruit, elle disait à la vieille :

— Pour toi... pour toi... pour toi...

Enfin, Silia prit une pomme, la mordit légèrement et la jeta de même à Enothée sans lui rien dire ; et celle-ci, au lieu de manger cette pomme comme les autres, la cacha dans un pli de sa robe. Silia vit qu'elle avait été comprise, et continua le jeu quelques instants;

elle se leva bientôt, et Enothée lui dit tout bas :

— Je vais porter ton message à Faustus.

Cette pomme mordue était en effet le plus doux aveu d'amour qu'une dame romaine pût donner à son amant, d'autant plus doux que, n'ayant, ni comme une lettre ni comme un bouquet, un sens arrêté et précis, il disait tout ce que l'imagination ou les désirs d'un amant voulaient y trouver. Il n'était ni trop froid ni trop emporté; il ne montrait ni audace ni embarras; c'était le mot: j'accepte votre amour avec l'émotion, le sourire, l'abandon, le trouble qu'il plaisait à l'amant de supposer. C'est pourquoi le plus doux aveu d'une femme c'est son silence, et, avant son silence, sa fuite; et, avant sa fuite, une fleur qu'elle vous jette; et, si nous étions Romains, je ne saurais rien de si charmant que cet envoi d'un fruit mordu par la dent qui brille sous la lèvre qu'on aime, et qui a baisé ce fruit.

Quand Silia eut ainsi répondu aux lettres qu'elle avait reçues, on continua sa toilette. Elle avait dit le matin, en se levant, qu'elle voulait être plus belle encore, plus belle qu'elle-même sans doute. Elle avait donc fait préparer tout ce qui peut aider une femme à donner de l'éclat à ses attraits.

Ce moment de la toilette faillit devenir très-orageux. Il s'agissait de décider quelle composition on emploierait pour adoucir la peau, blanchir celle des mains et donner un léger incarnat à celle des joues. Parmi les esclaves, les unes proposaient le seigle bouilli pétri avec de l'huile : il fallait laisser sécher cette pâte sur la peau ; puis on la faisait disparaître en la lavant avec du lait. D'autres indiquaient la mie de pain trempée dans du lait d'ânesse : cette composition faisait enfler le visage et effaçait ainsi les rides qui s'y formaient. Elle fut rejetée comme indigne de Silia et propre tout au plus aux matrones galantes qui avaient dépassé quarante ans. De plus habiles proposaient, pour blanchir les mains, la terre de Scio ou de Samos, ou bien encore celle de Sélinuse dissoute dans l'eau, et qui laissait sur les mains une sorte de poussière blanche et impalpable et qui pénétrait jusque dans les pores. En même temps, l'une vantait le fard extrait de la racine du rizion, et qui donne le teint brillant de la jeunesse; d'autres préféraient le purpurissimum ou écume de pourpre préparée avec du vinaigre, qui ne s'effaçait point lorsqu'on s'essuyait le visage.

Silia écoutait toutes ces savantes dissertations, tandis qu'elle mâchait des pastilles de myrte, qui donnent à l'haleine une douce suavité; puis, lorsque la discussion commença à s'animer, elle choisit de toutes les compositions connues la seule qu'on ne lui eût pas proposée. Elle ordonna qu'on pilât des têtes de pavots dans de l'eau pure avec un grain d'encens. Elle se lava les mains avec cette simple préparation et les essuya aux cheveux d'une esclave, qui lui présenta sa tête pour ce seul service. Elle se servit aussi de cette eau pour son visage; et, après s'être longtemps regardée, elle rejeta tous les fards qui lui furent présentés; seulement, elle peignit légèrement ses sourcils et fit répandre sur ses cheveux une poudre brune mêlée de parcelles d'or, qui, s'attachant çà et là dans les cheveux, scintillaient légèrement.

Déjà Silia avait chaussé à ses pieds le soulier syçionien, renommé par son élégance. Comme le soulier des matrones romaines, il ne couvrait pas tout le pied et ne cachait pas la naissance de la jambe; comme le *caliga* des soldats, adopté par les courtisanes, il ne laissait pas le pied entièrement nu : le sycionien tenait un juste milieu entre les deux chaussures, et les bandelettes rouges qui l'attachaient à la jambe faisaient ressortir la blancheur du pied. Elle passa ensuite sa première tunique, celle qui, légère comme un *vent tissu* (1), enveloppait la femme d'une ombre blanche; elle était sans manches et montait à peine jusqu'au sein. Puis elle en passa une seconde teinte de pourpre, non moins légère, étroite comme la première, sans manches de même et de même très-échancrée et très-courte. Enfin, elle en revêtit une troisième d'un tissu toujours aussi léger, mais d'une ampleur extraordinaire. C'était à arranger les plis de cette tunique sous la ceinture qui entourait la taille

---

(1) Expression de Pétronne.

que consistait le grand art des esclaves qui habillaient les femmes. Cette tunique flottante devait couvrir le sein et le laisser voir : elle devait tomber assez bas pour être décente, et cependant permettre au pied de se montrer ; elle devait traîner par derrière avec grâce et étaler la large broderie d'or dont elle était bordée. Elle avait des manches ouvertes qui se rattachaient le long du bras avec des agrafes d'or et des pierreries ; mais au lieu d'être placée également sur les deux épaules, cette tunique était très-relevée du côté gauche et descendait ainsi sur le bras droit, dont elle laissait voir la naissance jusqu'à l'aisselle. Plusieurs fois Silia saisit le bord de sa tunique et le releva avec sa main gauche, de façon que la jambe demeurait ainsi à découvert. C'est ainsi que marchaient d'ordinaire les femmes qui, sans s'exposer à un reproche d'indécence, n'affectaient pas cependant une grande rigidité. Silia se regardait ainsi et finit par dire à Daphné, qui, parmi toutes ses esclaves, semblait être celle qu'elle préférait :

— Est-il vrai que la courtisane Pannychis

a adopté l'usage des tuniques de Lacédémone, ouvertes sur le côté jusqu'à la hanche et retenues seulement à la hauteur du genou par une agrafe?

— Oui, répondit Daphné, et c'est non-seulement pour la tunique de dessus qu'elle a adopté cette mode, mais encore pour la seconde tunique, de façon qu'on voit aisément combien elle est belle.

— C'est une race de harpies que ces femmes, dit Silia avec humeur; elles flétrissent tout ce qu'elles touchent. Cette mode s'est à peine montrée qu'elles l'ont prise avec avidité, et qu'une honnête femme ne peut plus sortir ainsi vêtue. Elles seules bientôt auront le droit d'être belles, et il était digne d'un débauché comme Néron de rapporter le décret de Tibère qui leur ordonnait de porter des tuniques fermées. On est venu à ce point qu'elles ont gardé la toge après l'avoir déshonorée, et que, s'il ne fallait une permission spéciale de l'empereur à chaque femme pour porter le laticlave, il faudrait nous enfermer dans un sac pour ne pas leur ressembler.

Silia avait à peine achevé ces paroles qu'elle passa dans une autre chambre, où l'attendaient les diamants, les colliers, les bracelets, les boucles d'oreilles, qui devaient compléter sa parure. Alors elle demanda si personne n'était venu. On lui nomma plusieurs patriciens qui attendaient l'heure de la saluer, et elle allait donner l'ordre de les introduire quand l'esclave de l'atrium lui dit, en répétant la phrase du poëte :

— Eumolpe le poëte vient te parler, il apporte des nouvelles de Rome et de Silanus.

Cette annonce ne pouvait pas arriver dans un plus mauvais instant. La journée de Silia était prise, et c'était une journée importante. On devait inaugurer le cirque de Nîmes, et elle voulait y paraître la plus belle. Balançant entre les désirs du vieux duumvir Bibulus et l'élégant amour de Faustus, le tribun de la dixième légion, Silia avait promis un rendez-vous à Bibulus et fait un aveu à Faustus. Il s'agissait pour elle d'être heureuse ou d'être riche ; deux positions entre lesquelles la femme la plus vertueuse hésite quelquefois. Au milieu de ce conflit d'intérêt, Silia avait choisi ce jour à prendre une décision. Elle voulait aller au cirque triompher par son élégance et sa beauté, se faire proclamer par l'admiration publique la plus parfaite et la plus gracieuse, et ensuite attendre ce que la passion de ses deux amants ainsi excitée lui offrirait en échange de son amour.

Si l'on disait qu'il n'y avait qu'un misérable calcul dans le cœur de Silvia, nous repousserions cette calomnie avec indignation; l'aveu qu'elle avait envoyé à Faustus prouvait qu'elle avait un secret désir d'être honnêtement amoureuse, autant qu'une femme qui a un mari peut l'être quand elle prend un amant. Car elle savait juste tout ce qu'elle pouvait attendre de Faustus; de l'amour et de l'adoration; et puis encore de l'adoration et de l'amour : c'était tout. Donc puisqu'elle n'était pas décidée à se vendre au vieux et infirme Bibulus, puisqu'elle mettait l'amour de Faustus en balance des trésors du duumvir, elle avait autre chose dans le cœur que du calcul.

L'annonce qu'on lui fit de l'arrivée d'un

étranger, car elle ne connaissait pas Eumolpe, lui apportant des nouvelles de Rome et de son mari, la jeta dans un grand embarras. Ce qu'elle allait apprendre pouvait la détourner de ce qu'elle avait résolu de faire, et dans ce moment elle eût préféré que ce message lui fût venu plus tard, dût-il être un obstacle à ce qu'elle aurait décidé, plutôt que de se voir rejetée dans les incertitudes d'où elle voulait sortir à tout prix. Cependant il n'y avait pas moyen de renvoyer le poëte, et elle ordonna qu'on l'introduisît après s'être fait excuser près de ses amis de ne pas les recevoir.

Souvent Silia avait laissé parler à sa toilette des choses les plus intimes devant ses esclaves, sans s'occuper de ce qu'ils pouvaient entendre; mais cette fois, par une précaution qu'un secret pressentiment lui inspira, elle les fit éloigner; et reçut Eumolpe seule et l'alarme dans le cœur.

Le poëte se présenta avec la basse importance d'un homme accoutumé à la flatterie et qui cependant se croit un moment nécessaire. Il salua avec humilité, et se releva fièrement en enflant les joues et en clignant les yeux. Silia se connaissait trop en hommes pour ne pas deviner quel était celui-ci, et son aspect joint à sa qualité de poëte, dont il s'était vanté et que tout autre que lui eût cachée comme une maladie fâcheuse, donna à Silia la mesure du ton avec lequel elle devait lui parler.

— Est-il vrai, lui dit-elle sèchement, que mon époux l'ait donné un message pour moi?

— Ton époux ne m'a point remis de message, et cependant j'ai à t'apprendre quelque chose de nouveau.

— Ah! je comprends, dit Silia en se détournant, tu l'auras rencontré à Rome, tu auras obtenu un entretien de lui à force de sollicitations, et tu viens t'en faire un titre à Nîmes pour me demander des secours. Je connais cet art de s'introduire dans les maisons, et je n'en suis pas la dupe.

Eumolpe, très-assuré que les nouvelles qu'il apportait le feraient écouter lorsqu'il les dirait, répondit d'abord par un sourire dédaigneux, puis ajouta :

— Silia, c'est trop tôt refuser ce que je ne te demande pas. Prends donc garde que bientôt je ne refuse ce que tu voudras m'offrir.

Silia savait trop bien par quels détours ces parasites cherchaient à arriver à leurs fins pour se laisser prendre à l'assurance de celui-ci ; mais elle sentait en elle un secret avertissement que cet homme lui apportait une nouvelle importante; elle s'écria donc avec impatience :

— Parle donc! qu'as-tu à me dire?

— Silia, répliqua Eumolpe, qui voulait tâter le terrain et savoir de la dame romaine ce qu'il n'avait pu apprendre des deux jeunes étrangers, Silia, c'est une grande joie pour une mère de revoir ses enfants, n'est-ce pas?

— Ses enfants! s'écria Silia d'un air qui convainquit Eumolpe qu'elle avait des enfants. Ses enfants! dis-tu? Seraient-ce les miens? Silanus me les envoie-t-il pour les soustraire aux fureurs de Néron, comme il a été forcé de m'exiler pour m'arracher à son amour insensé?

Eumolpe sourit à cette explication de l'aventure de Silia avec Néron : celle-ci commença à s'alarmer plus vivement.

— Enfin, s'écria-t-elle impétueusement, qu'y a-t-il? quel malheur m'est-il arrivé? ou bien que dois-je redouter?

— C'est peut-être un malheur, peut-être un bonheur : cela dépend de toi.

Silia se sentait dans les mains de cet homme; et, s'imposant plus de calme, elle lui dit :

— Quand il vous plaira de parler je vous écouterai.

— Eh bien! dit Eumolpe; Silanus ne m'a point envoyé parce que Silanus est mort.

— Mort! répliqua Silia en pâlissant.

Nulle femme quelle qu'elle soit n'apprend impunément la mort de son mari, même quand elle a souvent rêvé en secret qu'il lui est un obstacle dont elle voudrait bien être affranchie.

Silia tomba assise sur un lit de repos l'œil fixé devant elle, et, toute préoccupée qu'elle etait de ses projets, frappée soudainement de cette grande nouvelle, il y eut dans son esprit un moment de trouble dont elle se remit bientôt. La mort de son mari ne put dominer entièrement la préoccupation que lui inspiraient ses desseins, et sa pensée chercha seulement à les modifier en raison de ces événements.

— Mort! répéta-t-elle, et comment?

Eumolpe lui répéta ce qu'il avait appris de Cnéius et Silia lui dit après ce récit.

— Et je reconnais bien là la noble vertu de Silanus; oui, c'était un digne citoyen, il a préféré a mort à l'infamie.

Et pendant un assez long-temps elle fit l'éloge de son époux qu'elle entremêlait de larmes et de sanglots, car cela ne nuit jamais de pleurer honorablement le mari perdu dont on souhaitait la mort de son vivant.

On s'étonnera sans doute que cette mère n'ait pas prononcé le nom de ses enfants; mais il faut considérer que la nouvelle de la mort de son époux était si inopinée qu'elle avait seule occupé sa pensée. Enfin elle dit à Eumolpe.

— Mais n'avez-vous rien appris de mes enfants?

— Ils sont ici.

— Ici ?

— A votre porte.

—Grand Dieu! et elle se leva pour courir au devant d'eux. Mais une singulière réflexion la retint.

—Pourquoi, dit-elle à Eumolpe, ne se sont-ils pas présentés eux-mêmes?

Cette fois Eumolpe dit la vérité tout naïvement, se trouvant déjà assez avant dans les secrets de Silia pour ne pas vouloir lui faire un mensonge trop facile à découvrir. Silia devint très-sérieuse durant ce récit que le poëte eut le talent d'allonger autant que pourrait le faire le plus habile de nos prosateurs. Pendant que Silia écoutait, on voyait qu'elle roulait dans sa tête un projet nouveau. Depuis longtemps Eumolpe avait fini son récit, quoiqu'il parlât encore. Tout ce que Silia voulait apprendre elle le savait; mais elle laissait parler le poëte pour pouvoir s'écouter elle-même sans distraction. Elle était bien plus seule en présence de son bavardage qu'en face de son silence, durant lequel il eût pu l'observer. Lorsqu'elle eut suffisamment médité le parti qu'elle voulait prendre, elle dit à Eumolpe :

— Ainsi donc vous êtes le seul à Nîmes qui sachiez tout ce que vous venez de me dire ?

— Seul.

— Vous savez seul que mes enfants sont ici ?

—Je le sais seul, et ils ignorent même que je les connaisse pour tels.

— C'est à merveille, reprit Silia avec satisfaction ; car cette circonstance venait en aide à ses projets. Eh bien, il faut que vous ne m'ayez pas vue ; il faut qu'aujourd'hui je paraisse ignorer les nouvelles que vous venez de m'apporter : ce sera un effort bien cruel ; mais je dois me l'imposer. Vous sortirez de ce cabinet en disant que j'en suis partie pour un sujet quelconque au moment où vous y entriez, que vous êtes fatigué d'attendre et que je ne reparais pas. Vous retournerez vers Cnéius et Chrysis. Sont-ils beaux ? Chrysis est-elle belle ?

— Elle est votre fille.

— Hélas, oui ! dit Silia en soupirant. N'importe. Vous leur direz que vous n'avez pu arriver jusqu'à moi, et que je vous ai fait dire que demain je vous recevrais à pareille heure.

— Mais vos enfants insisteront.

— A quoi donc pouvez-vous servir; si vous ne savez pas les égarer un jour entier dans cette ville? dit Silia avec humeur. Comprenez-moi; demain je serai veuve, demain je leur ouvrirai mes bras; aujourd'hui je ne puis; je perdrais le fruit de mes plus chers projets.

Cette manière de renvoyer tous ses sentiments au lendemain n'est pas si extraordinaire qu'elle peut le paraître d'abord. Nous sommes bien convaincus de la vérité de cette anecdote qui nous représente un homme profondément endormi, qu'on éveille en sursaut en lui annonçant la mort de son père, et qui, accablé du sommeil qui le tenait, se rendort en disant : —Ah, mon Dieu! comme je serai affligé demain! et qui véritablement fut très-affligé à son réveil. L'effet de cet anéantissement physique nous semble pouvoir être remplacé par une grande volonté et par une puissante occupation. Qu'on nous accorde cela, et nous dirons qu'il ne peut y avoir de plus grande occupation pour une femme que celle de choisir entre son cœur et son intérêt. Et si l'on réfléchit que, devenue libre, Silia avait une toute autre conduite à tenir; qu'elle pouvait en tirer un parti à la fois plus avantageux et plus honorable, on comprend qu'elle voulut se donner le temps de réfléchir sur la manière dont elle porterait son veuvage. Du reste, ce qui va suivre montrera, mieux que nous ne pourrions le faire par des raisonnements, combien ce qu'elle fit était convenable pour elle.

Silia expliqua de nouveau à Eumolpe ce qu'elle voulait de lui, et appuya ses ordres d'une bourse que le Grec reçut avec reconnaissance, mais qu'il considéra comme bien peu de chose en comparaison de ce qu'il comptait tirer de son introduction dans la maison de Silia, des services qu'il allait lui rendre et de l'empire qu'il saurait prendre sur la femme qui s'était si étourdiment fiée à lui qu'elle ne connaissait pas.

II.

— Vous ne verrez point Silia aujourd'hui, dit Eumolpe à Cnéius et à Chrysis en les abordant. Nul n'a pu pénétrer jusqu'à elle, et vous avez dû voir que les plus nobles patriciens ont été renvoyés sans avoir pu la saluer. Moi-même je l'ai longtemps attendue, et enfin elle m'a fait prier de repasser demain, à pareille heure, avec les étrangers que je devais lui présenter.

— Eh bien! dit Cnéius, je vais entrer moi-même dans cette maison.

— Ne faites pas cela, dit Eumolpe, vous ne connaissez pas Silia ; qui que vous soyez, elle ne vous recevra point, et si, par la violence, vous parveniez jusqu'à elle, vous lui causeriez une vive douleur. C'est aujourd'hui le septième jour de la lune de mai, et Silia a été menacée par un devin d'être trahie par ceux qui se présenteraient dans sa maison pour la première fois durant ce jour fatal.

— Eh quoi! dit Chrysis, nous ne la verrons donc pas encore aujourd'hui.

— Si vous tenez fort à la voir, reprit Eumolpe, suivez-moi au cirque où sans doute elle occupera une place distinguée.

— Au cirque, dit Cnéius, dans un jour si triste pour nous, nous n'irons pas.

— Aussi, dit Eumolpe, n'est-ce pas un plaisir que je vous offre : c'est moins un spectacle qu'une cérémonie publique que vous allez voir ; et ce sera être agréable aux dieux que d'y assister. D'ailleurs que deviendrez-vous tout le jour dans cette ville, vous ne trouverez pas la moindre place dans les hôtelleries ; car elles sont toutes pleines ; et moi-même je ne puis vous offrir d'asile dans ma demeure ; je n'ai point le temps de vous y conduire ; il faut que j'aille prendre ma place au cirque pour assister aux jeux et pour pouvoir les célébrer dans des vers que je compte envoyer au duumvir Bibulus ; c'est une nouvelle couronne que je ne veux point négliger.

Comme les deux jeunes gens semblaient hésiter, il passa à côté d'eux un cortége de jeunes Romains à cheval, qui se rendaient vers le cirque. L'un d'eux s'arrêta un moment et fit signe à un esclave qui le suivait d'entrer dans la maison de Silia. Celui-ci, qui portait une immense corbeille couverte d'un voile, entra et ressortit bientôt.

— C'est encore un visiteur refusé, dit Eumolpe; allons, enfants, suivez-moi.

Le cavalier s'éloignait lorsque ses regards, qu'il avait tenus constamment fixés sur la maison, rencontrèrent ceux des deux jeunes gens, qui tous deux l'admiraient, tant il avait de grâce et de fierté. Cnéius disait : Voilà un homme dont il me semble que l'amitié doit être forte et les qualités honorables ; Chrysis pensait : Voici un visage qui ne convient qu'à un cœur noble et sincère.

Quelque effet qu'eût produit sur Cnéius et sur Chrysis l'aspect de Faustus ; car cet homme était Faustus qui, selon les préceptes d'Ovide, avait dépouillé le marché et les jardins de leurs plus beaux fruits et de leurs plus belles fleurs, et qui les envoyait à Silia comme les produits de sa maison des champs ; la surprise de Faustus en apercevant les deux étrangers dépassa de beaucoup l'admiration de ceux-ci.

—Que faites vous à cette porte, jeunes gens, et désirez-vous entrer chez Silia ?

— Nous attendons le moment d'aller au cirque, dit vivement Eumolpe.

— Eh quoi ! reprit Faustus, qui semblait ne parler que pour examiner Chrysis avec plus d'attention ; n'avez-vous pas des places réservées pour ce noble jeune homme et cette vierge si belle ; allez-vous être forcé de vous mêler à la populace sur les degrés les plus élevés du cirque ; suivez-moi, l'édile Martius est de mes amis, je lui demanderai pour vous une place convenable à côté des siéges des nobles patriciens et des gradins des chevaliers.

— Je te remercie sincèrement pour moi et pour ma sœur, dit Cnéius; je suis ravi de ta politesse, non pour ce qu'elle m'offre, mais parce que c'est toi qui me l'offres. Ton visage m'a plu dès l'abord, et c'est un augure favorable pour moi d'avoir deviné si juste que tu étais un homme bienveillant et hospitalier.

Faustus descendit de son cheval, et, l'ayant remis à l'esclave qui le suivait, il marcha près des deux jeunes gens qu'il examinait toujours avec une grande attention.

— Tu ne m'eusses pas dit que cette jeune fille était ta sœur, que la ressemblance de votre visage me l'eût suffisamment appris; mais il existe en outre entre vous et une dame de cette ville une ressemblance si frappante que je ne puis me l'expliquer que par une supposition qui est impossible.

Cnéius et sa sœur se regardèrent avec embarras, et Eumolpe, qui voulait prévenir une reconnaissance, s'écria :

— Pourquoi, seigneur, nous fais-tu passer dans cette rue? elle est tellement remplie de gens pressés et d'hommes qui ont déjà sacrifié à Bacchus avant l'heure que nous ne pourrions faire un pas sans être heurtés.

Faustus, à cette observation d'Eumolpe, fit un signe à l'esclave qui le suivait et qui les précéda aussitôt, en écartant la foule avec un cep de vigne dont il frappait ceux qui ne se rangeaient pas assez vite.

Cnéius parut tout surpris de cette liberté que prenait Faustus, et lui dit :

— Comment oses-tu faire frapper ainsi le peuple, et comment, lorsqu'à Rome il s'écarte avec tant de peine devant les faisceaux consulaires, se range-t-il si vite ici sous le bâton d'un esclave?

Comme Faustus ne répondit à cette question que par une autre question, nous répondrons pour lui.

Il y avait bien dans les colonies romaines un peuple comme à Rome, et dans quelques-unes, comme dans celles de Narbonne et de Toulouse, ce peuple était quelque chose. Mais à Nîmes, dans cette ville courtisane toute peuplée d'affranchis, d'histrions, de repris de justice, de l'écume de tous les fripons de l'Italie et de la Gaule, ce peuple n'était qu'un vil troupeau que les puissants menaient avec le fouet et les spectacles. Aussi les jours où il brisait les liens de son obéissance, d'autant plus cruel qu'il avait été plus rampant, il se portait à des férocités qu'on ne retrouvait point ailleurs. Les siècles n'ont pas effacé ce caractère signalé par l'antiquité, et Nîmes est encore ce qu'elle était autrefois.

Cependant Faustus s'était empressé de dire à Cnéius :

—Vous venez donc de Rome, toi et ta sœur ?

Cnéius, qui ne voulait pas être connu, et que l'observation de Faustus sur sa ressemblance avec une dame de la ville avait alarmé, répliqua assez maladroitement, qu'il ne connaissait point Rome et qu'il venait de Marseille, pour que Faustus devinât que Cnéius ne disait pas la vérité, et qu'il désirait la cacher. Une autre question de Chrysis confirma Faustus dans les soupçons qu'il avait. La jeune fille lui dit :

De la place où tu nous mettras, verrons-nous Silia?

— Sans doute, vous ne serez séparés d'elle que par un des escaliers qui conduisent aux gradins.

— Dis-moi à quoi nous pourrons la reconnaître, ajouta la jeune fille.

— Probablement, dit Faustus, je serai assis auprès d'elle ou derrière elle ; tu pourras la reconnaître aussi à son incomparable beauté; jusqu'à présent incomparable, veux-je dire ; mais que la tienne égale assurément.

— Oh ! je sais bien que je ne suis pas aussi belle qu'elle; mon père me l'a dit souvent.

— Ton père connaît donc Silia?

— Seigneur, dit vivement Cnéius, nous ne t'avons pas fait de questions, bien que nous ayons accepté tes services; et, cependant, celui qui reçoit doit être plus susceptible que celui qui donne; car le bienfait n'est jamais reproché à celui qui l'offre, et il peut l'être à celui qui l'accepte. Cesse donc tes questions, ou bien permets-nous de te quitter et de chercher un hôte moins serviable peut-être, mais aussi moins curieux.

— Tu as raison, répliqua Faustus; et, si vous n'avez pas d'asile dans cette ville, présentez-vous ce soir à la maison de Faustus et demandez-y l'hospitalité.

— Je l'accepte pour moi et mes pupilles, dit vivement Eumolpe, qui avait eu de bonnes raisons pour ne pas vouloir offrir asile aux deux jeunes Romains. Chrysis rougit et Cnéius ne répondit point.

En ce moment ils arrivaient aux approches du cirque. Elles étaient encombrées de marchandes de gâteaux faits de farine et de miel; de conducteurs de mulets portant de chaque côté de vastes paniers en paille remplis d'oranges et de citrons. On y vendait aussi des rafraîchissements de toute espèce, excepté du vin, qui avait été interdit par ordre de l'édile.

Celui-ci était assis sur une espèce de tribunal placé en face de l'une des portes et recevait les réclamations qui lui étaient faites sur la distribution des places. Faustus lui adressa de loin quelques paroles. Martius ne prit pas le temps de les écouter; mais il se pencha vers un de ses officiers, placé derrière lui, et lui dit:

— Allez, faites ce que Faustus demande.

Cet officier accompagna Faustus et le fit entrer, ainsi que ceux qu'il accompagnait, par une porte réservée. Il les conduisit à une partie de l'amphithéâtre qui tenait le milieu entre les places réservées aux magistrats, aux patriciens et aux chevaliers, et celles qui étaient occupées par la populace.

En ce temps-là, l'entrée d'une personne d'un rang élevé dans un spectacle quelconque était toujours le signal d'un grand mouvement. Souvent la curiosité se contentait de regarder le nouveau venu; quelquefois il était accueilli par des huées, presque jamais par des applaudissements. Auguste, le plus flatté des empereurs romains par ce que la république avait légué de citoyens honorables à l'empire, parut rarement en public sans y être accueilli par des quolibets et souvent par des injures. L'habitude qu'il avait de lire des papiers d'affaires durant les jeux du cirque déplaisait souverainement au peuple; et Tibère, malgré la haine qu'il inspirait, fut mieux reçu que lui, parce qu'il portait une attention soutenue au spectacle. On lui savait gré de se plaire aux choses qui amusaient la populace, tant sont futiles quelquefois les moyens par lesquels on se fait un appui de la multitude !

L'entrée de Faustus attira tous les regards et fut signalée par des applaudissements, qui redoublèrent lorsqu'on aperçut la jeune fille à laquelle il faisait prendre place. La beauté était alors un titre plus noble qu'aujourd'hui. L'hommage public qu'on lui rendait ne la faisait rougir que de pudeur et de modestie. De nos jours, une femme qu'on applaudirait au spectacle parce qu'elle est belle, pourrait en être flattée intérieurement, mais elle croirait convenable de traiter d'impertinents les applaudisseurs.

Chrysis s'assit entre son frère et Eumolpe; et Faustus les quitta.

Celui-ci, en sortant, laissa percer un mouvement de dépit. Il eût voulu que Silia eût été témoin de l'accueil qu'il venait de recevoir; il comptait n'arriver qu'après elle; mais, sachant qu'il avait produit ce que nous appellerions aujourd'hui son effet, il se décida à aller prendre sur-le-champ la place qu'il devait occuper.

Cependant l'entrée de Faustus avec une personne aussi belle que Chrysis était devenue l'occasion d'une foule d'entretiens, particulièrement dans les degrés inférieurs où se tenaient un grand nombre de jeunes gens parlant haut, gesticulant, et cherchant, par tous les moyens, à attirer l'attention. Tous étaient vêtus de la robe prétexte, qui montrait que c'étaient des patriciens. Quelques-uns portaient la trabée, qui annonçait qu'ils avaient occupé quelque charge publique.

—Je ne sais, disait l'un, où Faustus découvre toutes les femmes avec lesquelles on le rencontre; mais il connaît toujours les plus belles, avant que personne sache qui elles sont, et soit même informé de leur nom.

—Il n'a pas besoin de les chercher, répondit un autre; elles courent suffisamment après lui pour qu'il les rencontre aisément.

— Ce que tu dis là, répliqua un troisième

est bon pour Fortunata, la femme de l'édile, que celui-ci a fait passer, grâce à un faux serment, pour une femme de noble naissance, bien qu'elle soit la fille du boulanger chez qui j'achetais des pains de seigle à Marseille, quand j'allais à l'école du fameux rhéteur Statius Ursulus (1); c'est bon aussi pour Silia, dont la fierté couvre mal la passion, et qui rougit, malgré ses trente ans, toutes les fois que Faustus vient s'asseoir près d'elle : elle est folle du tribun.

— Elle l'aime comme tous ceux qu'elle a aimés; elle s'en sert, répliqua le premier. Faustus est en ce moment l'aiguillon qu'elle lance au flanc de ce gros bœuf de Bibulus, voilà tout : mais tu avais raison quand tu disais que c'est bon pour de pareilles femmes de courir après Faustus; la vierge avec laquelle il est entré n'en est point encore là... Regarde, je t'en prie, de quel œil la considère la courtisane Pannichys, qui est dans la seconde loge après elle. Déjà les soins de Faustus pour

(1) On ne sait de ce rhéteur que son nom et la gloire avec laquelle il professa.

Silvia l'avaient rendue furieuse; l'aspect de cette jeune fille va lui donner des convulsions.

— Es-tu sûr qu'elle aime encore Faustus?

— Je puis te le certifier. Nous avons passé l'avant-dernière nuit chez elle, dans une débauche divine, et, bien qu'elle n'ait refusé rien à aucun des quatre convives qui étaient au souper, nous n'avons pu parvenir à la consoler. Elle se prêtait à tous nos caprices, mais elle ne les partageait pas.

— Par Bacchus, c'est une singulière femme et d'une rare complaisance! s'écria l'un des auditeurs.

— Sa complaisance serait bien restreinte pour toi, répliqua celui qui avait parlé; car je doute que ta bourse pût payer la plus légère de ses faveurs. Sais-tu que cette nuit nous a coûté mille sesterces?

— Voilà de l'argent bien employé pour acheter un corps de marbre. A la bonne heure lorsque Pannichys se donnait pour se donner, c'était une joyeuse beauté alors; je l'ai vue ivre trois jours durant, sans prendre un moment de repos, aller de la table au bain et du bain dans nos bras.

Celle qui était l'objet de ces propos regardait, en effet, Chrysis avec une attention insolente, et se penchait souvent à l'oreille d'un homme également méprisable par l'audace qu'il avait de se placer près d'une courtisane, et par le soin impudent de sa toilette; il était crêpé et poudré, ses mains étaient chargées d'anneaux, qu'il portait à chaque phalange; son visage et ses sourcils étaient peints.

— Gnaton, lui disait Pannichys, tu sauras quelle est cette jeune fille et le jeune homme qui l'accompagne?

— Mais comment veux-tu que je l'apprenne?

— Ne remarques-tu pas qu'ils sont accompagnés par Eumolpe le poëte. As-tu oublié Eumolpe qui, à Crotone, se faisait passer pour un Libyen dont le vaisseau avait péri par le naufrage, et qui, parlant sans cesse des champs immenses qu'il possédait, de ses nombreux esclaves, et des trésors que renfermaient ses greniers et ses coffres, sut, durant près d'un an, vivre dans l'abondance et le luxe, grâce aux dons que chacun s'empressait de lui faire, dans l'espoir d'être placé dans le testament d'un si riche propriétaire?

— En effet, c'est Eumolpe, dit Gnaton; je découvrirai sa demeure, et, de gré ou de force, je le ferai parler. Je ne l'eusse pas reconnu à ses traits, que je l'aurais deviné à son maintien et à la manière emphatique dont il parle et force l'attention de tous ses voisins.

En effet la loge ou partie réservée par l'édile pour les riches plébéiens, était déjà remplie, et Eumolpe s'était fait le centre d'un groupe qui écoutait, avec une bonne foi qui a toujours appartenu à la médiocre fortune, les récits qu'Eumolpe lui faisait. Il avait d'abord commencé par critiquer le cirque, qui lui paraissait tout au plus convenable pour une petite ville comme Nîmes; puis il avait vanté les merveilles dont il avait été témoin. Ce qui avait surtout excité l'admiration de tous, c'était la description des théâtres mobiles élevés à Rome par le consul Marcus Publius; ils consistaient en deux demi-circonférences chargées de gradins où se plaçait le peuple, chacune regardant un théâtre particulier, de façon que les spectateurs de l'un tournaient le dos aux spectateurs de l'autre. Ces demi-circonférences étaient éloignées l'une de l'autre de toute la longueur de leur diamètre, de manière que lorsque le spectacle était achevé sur chaque théâtre, ces deux hémicycles, chargés de spectateurs, tournaient sur le pivot immense qui les soutenait, et, se faisant face l'un à l'autre, se joignaient alors ensemble, et formaient un cirque où l'on célébrait de nouveaux jeux, auxquels les spectateurs assistaient sans avoir été obligés de se déranger.

En citant cette merveilleuse construction, Eumolpe ne mentait point, car elle avait existé et avait servi; seulement il en exagérait les dimensions au-delà du possible, et se vantait d'avoir vu ce dont il avait seulement entendu parler. Du reste, il avait des contes prêts sur tous les sujets dont on venait à parler, et quelqu'un ayant dit qu'on verrait le combat de plusieurs ours contre un lion, il raconta l'histoire d'un particulier de Salles, qui, ayant voulu donner un combat d'ours contre des hommes, avait acheté à la ville les criminels condamnés à mort pour en faire des combattants. Mais, quelques jours avant le spectacle, tous les ours avaient péri. Des voleurs, informés de cet accident, se procurèrent la peau de deux de ces animaux, y enfermèrent deux de leurs camarades, et allèrent les vendre à Démopharès, avec une recommandation expresse de les enfermer seuls dans la même cage. La nuit venue, les deux ours scièrent les barreaux de leur cage, poignardèrent les gardes de la ménagerie, puis le portier de la maison, et y introduisirent leurs camarades, qui la pillèrent et s'emparèrent, grâce à ce stratagème, des immenses trésors qui s'y trouvaient renfermés.

Une fois sur l'article des voleurs, Eumolpe ne tarit point en histoires terribles ou plaisantes, et une de celles qui intéressa le plus vivement l'auditoire fut celle d'un nommé Timoléon, qui, ayant introduit son bras par un trou qu'il avait fait à la porte d'un vieil avare, se sentit tout d'un coup clouer la main dans l'intérieur de la maison. Enchaîné ainsi à sa place, il allait être arrêté, grâce aux cris que poussait l'avare pour appeler ses voisins, lorsqu'il ordonna à ses compagnons de lui couper le bras à coups d'épées et s'enfuit avec eux, laissant ce témoignage sanglant de sa tentative coupable et de son noble courage (1).

Cependant le cirque était rempli, et le peuple commençait à témoigner son impatience par des cris tumultueux. Alors arrivèrent les magistrats, qui prirent les places qui leur étaient réservées, en face de la porte qui menait dans la ménagerie où étaient renfermés les animaux qui devaient combattre. Cette ménagerie consistait en une longue voûte où

---

(1) Si nous avons rapporté quelques-uns de ces récits, c'est pour montrer combien il y a de similitude entre les anecdotes qui amusaient l'antiquité et celles qui nous amusent encore. L'*Ours et le Pacha* est né d'un conte antique, et il n'est pas une ville de France qui n'ait l'histoire de son voleur qui s'est coupé le bras pour échapper à l'infamie. Nous voudrions que cette note servît en même temps de commentaire aux détails de cette représentation, où l'on verra se reproduire, sinon les mêmes jeux, mais pour ainsi dire les habitudes les plus usuelles de notre vie actuelle.

aboutissaient les portes de chaque cellule. C'est dans cette voûte qu'on lâchait d'abord les animaux ; puis, quand ils s'étaient dégourdis et animés dans cet espace plus vaste déjà que leur cage, on leur ouvrait la porte de l'arène. Malgré les moyens que prenaient les entrepreneurs pour exciter ces animaux, il arrivait presque toujours qu'au moment où ils entraient dans le cirque ils paraissaient épouvantés. L'éclat de la lumière qui les éblouissait et la multitude de regards qui les suivaient les frappaient d'étonnement : ce n'était que lorsque les cris ou les blessures qu'ils avaient reçues les animaient, qu'ils combattaient avec courage.

Mais ne devançons pas les faits de notre récit. Les magistrats s'étant placés, comme nous l'avons dit, en face de la porte de la ménagerie, et près de la colonne autour de laquelle devaient tourner trois fois les chars qui voulaient disputer le prix de la course. On vit arriver successivement les femmes les plus notables de la ville. La plupart furent saluées par des murmures flatteurs. Silia fut la seule qui reçut des applaudissements; elle gagna sa place, où l'accompagnèrent de nombreuses mains qui se présentaient de toutes parts pour lui servir d'appui, et enfin elle alla se placer au-dessous de Faustus, tandis qu'un de ses voisins tenait son parasol élevé au-dessus de sa tête et qu'un autre glissait un coussin sous ses pieds. Faustus, non moins attentif, rangeait les plis de son pallium; mais, moins hardi que ses jeunes rivaux, parce qu'il était plus amoureux, il laissait passer le torrent de flatteries dont elle était l'objet sans oser y mêler une parole. Ce trouble est gaucherie dans l'amant qu'on n'aime pas; il est un hommage inappréciable de la part de celui qu'on aime, surtout quand celui-là est renommé par son courage, l'élégance de sa parole et l'à-propos de son esprit. Mais Silia paraissait ne pas s'apercevoir de la présence de Faustus; elle confiait à celui-ci son éventail de plumes, à celui-là sa boîte de pastilles rafraîchissantes, Faustus semblait n'avoir rien, mais il avait la pensée : car tandis que la foule des adulateurs, attentive à tout ce qu'elle imaginait être une préférence, ne regardait que les mains, les yeux et le beau visage de Silia, celle-ci, légèrement penchée en arrière, avait pressé de ses blanches épaules les genoux de Faustus et lui avait confirmé silencieusement son aveu du matin : aussi Faustus semblait-il ne prendre aucun souci des attentions dont Silia était l'objet. Il n'en était pas de même du duumvir Bibulus qui venait d'arriver, et qui, placé avec sa femme, ses enfants et quelques favoris dans une loge couverte de tapis et garantie du soleil par un rideau de soie, regardait ce triomphe d'un air d'humeur, se démenant, faisant des signes, et poussant l'emportement de sa sotte jalousie jusqu'à dire à sa femme :

— Vois ce niais de Faustus : il aime Silia, et permet qu'on l'adore ainsi devant lui sans rien dire.

— Et tu ne le permettrais pas sans doute si tu étais à sa place? dit Fortunata d'un ton aigre.

Le duumvir regarda sa femme d'un air de colère, et répondit :

— Fortunata, je ne te demande pas où tu vas le matin quand tu dis aller aux bains publics, quoique ceux de mon palais soient plus riches et plus décents ; je ne me suis pas informé du nom de celle qui occupait le lit de ton amie intime Marcia, la mère du débauché Métellus, que tu étais allée voir sous prétexte qu'elle était fort malade, et que j'ai rencontrée pendant ce temps revenant de sa maison de campagne : n'ouvre donc pas les yeux sur mes actions plus que je ne fais sur les tiennes, et ne commençons pas une querelle qui pourrait être interminable si je voulais exposer tous mes griefs, et que je terminerai bientôt, si tu en ajoutes encore à ceux que je sais.

Fortunata ne répondit pas, et se contenta de détourner la tête et de saluer quelques personnes qui cherchaient ses regards ; car, malgré les mésintelligences qui existaient entre elle et son époux, on savait qu'elle avait un grand crédit sur lui par l'ordre qu'elle mettait dans son immense fortune, et qui la rendait le meilleur intendant que Bibulus pût jamais avoir.

Bientôt cependant entrèrent les prêtres des divers temples élevés à Nîmes, et, après eux tous, les vestales, qui avaient la place d'honneur. Les portes du cirque s'ouvrirent aussitôt, et on promena autour de l'enceinte les images des dieux portées sur les épaules des prêtres.

Comme les hommes, elles étaient accueillies selon les sentiments divers des spectateurs. Quand la statue de Vénus passa devant la partie de l'amphithéâtre où étaient les femmes renommées par leur beauté, toute la brillante jeunesse se leva en applaudissant à la déesse. Les uns lui jetèrent des fleurs, d'autres des anneaux, des bijoux de prix. De l'endroit où était Silia ce fut une pluie de présents, car c'est ainsi que les jeunes gens témoignaient qu'ils se disaient amoureux. Faustus seul n'applaudit point, ne jeta rien. Silia s'en aperçut et lui dit :

— Pourquoi ne jettes-tu rien à la déesse?

— Parce que, répondit Faustus, il n'y a plus de Vénus au ciel, et je garde mes vœux pour celle qui est sur la terre.

Silia remercia Faustus par un sourire, et lui montra du doigt une énorme couronne qui avait été lancée par Pannichys. Le peuple se mit à siffler avec de grands cris, et la statue de Diane, la chaste déesse, ayant paru, le peuple l'applaudit avec frénésie, non point parce qu'il était plus fidèle aux préceptes de la déesse, mais par opposition aux applaudissements que les jeunes patriciens avaient donnés à Vénus.

De même que de l'endroit où était Silia beaucoup d'hommages étaient tombés aux pieds de Vénus, de même de la place où se tenait Chrysis des rubans de laine, des voiles, furent jetés à la chaste Diane.

—Ah! s'écria le voisin de Silia, voyez, Faustus, votre belle protégée a jeté l'un des rubans de ses cheveux à la triple déesse : c'est d'un fâcheux augure.

— Quelle est donc cette jeune fille? dit Silia vivement émue.

— Une vierge, dit Faustus, que j'ai rencontrée à votre porte avec son frère, en compagnie d'un certain poëte Eumolpe.

— Silia pâlit et dit d'une voix émue :

— Et les connaissez-vous?

— Non, dit Faustus, mais j'ai été si frappé de l'étrange ressemblance qui existe entre vous et ces deux jeunes gens, que cela m'a intéressé en leur faveur. Le frère a l'air d'un noble jeune homme, et la sœur d'une vierge pure. Je n'ai pas voulu que ceux à qui le hasard avait donné quelque chose de vos traits fussent mêlés à la vile populace, et je les ai fait convenablement placer.

Silia était visiblement agitée : on eût dit que sa main eût voulu presser celle de Faustus; ses yeux baissés semblaient vouloir cacher une larme, et elle répondit à Faustus, d'une voix où tremblait l'émotion maternelle :

— Je vous rends grâce pour ces jeunes gens.

Celui qui avait espéré faire tort à Faustus dans l'esprit de celle qu'il aimait en le dénonçant ainsi comme occupé d'une autre femme, fut surpris de l'agitation de Silia, et ajouta :

— Faustus a raison, jamais ressemblance ne fut plus extraordinaire. Vous pouvez en juger vous-même, car cette jeune fille regarde attentivement de ce côté.

— C'est inutile, répondit vivement la belle patricienne en se détournant.

Faustus avait remarqué le trouble de Silia,

et, ne voulant pas le laisser deviner aux autres, il s'écria vivement :

— Ah! voici Bibulus qui lève le coin de sa robe : les jeux vont commencer.

En effet, les chars attelés entrèrent bientôt dans la lice.

Les grandes factions des bleus et des verts, des jaunes et des roses, qui à Rome divisaient les amateurs, et qui à Constantinople faillirent ruiner l'empire par les tumultes qu'ils excitèrent, avaient aussi dans les provinces leurs partisans. Mais à Nîmes comme à Rome c'étaient les verts et les bleus qui s'étaient partagé la faveur publique, et lorsque les chars firent le tour de l'arène, ils furent applaudis, selon la couleur qu'ils portaient, par chacune des factions. La plupart, en passant devant la loge de Silia, s'arrêtèrent, car ils appartenaient presque tous aux jeunes patriciens qui entouraient la noble Romaine, et ceux-ci, sous prétexte de donner quelques conseils à leurs cochers, avaient soin de faire admirer les richesses de leur char et de leurs chevaux. Quelques-uns même, affectant un mécontentement qu'ils avaient préparé, sautèrent du haut de leur place dans le cirque, et prirent les rênes des mains des cochers, qu'ils feignirent de renvoyer avec colère. Puis, s'adressant à Silia, tout en faisant piaffer leurs chevaux, ils lui criaient :

— Fais des vœux pour moi, et je suis sûr de la victoire.

— Vous savez que je suis de la faction bleue, disait Silia, et je parie une coupe d'airain de Corinthe pour celui qui conduit ces chevaux blancs qui viennent, sûrement, d'Espagne.

— Je parie contre lui, dit Faustus. Puis élevant la voix, il cria au cocher :

— Milon, tu seras vainqueur, j'ai parié contre toi.

— Est-ce votre char? dit Silia.

— Oui, répondit Faustus, et je parie contre votre coupe une baignoire de marbre blanc.

— Et vous désirez perdre?

— C'est que j'y gagnerai de te faire un présent que tu n'eusses pas accepté sans cela, Silia.

— Eh! mais, je n'aurai donc rien à te donner? répliqua la belle Romaine.

— Oh! si tes lèvres ont touché la coupe que

tu as engagée, mon char sera vainqueur, dussé-je aller moi-même conduire mes chevaux, et me faire montrer au doigt, comme ces jeunes étourdis.

— Eh bien, dit Silia, envoie-moi ta baignoire, je t'enverrai ma coupe, et nous aurons gagné tous deux : voilà ce que je veux faire de notre pari. Maintenant, qu'il en arrive ce qui plaira aux dieux.

Cependant d'autres paris s'engagèrent. Les plus inexpérimentés, qui jugeaient de la force des chevaux par l'éclat des harnais, parièrent pour les chars les plus richement équipés; les vrais connaisseurs parièrent pour le char de Faustus, et Silia elle-même y engagea des sommes assez fortes.

Les courses des chars commencèrent. Le nombre de ceux qui devaient concourir, et qui s'élevait à seize, fut divisé en quatre courses de quatre chars, dans lesquels il y en avait un de chaque couleur.

Dans les trois premières épreuves les verts remportèrent la palme; dans la dernière, le char de Faustus fut vainqueur, et resta seul chargé, dans la course définitive, de l'honneur des bleus. Non-seulement il avait à lutter contre des chevaux d'une vigueur éprouvée, mais encore sa tâche était d'autant plus difficile que les autres avaient eu le temps de prendre des forces et de se reposer. La manière dont s'engageaient les paris vaut la peine d'être rapportée. On pariait d'abord pour la couleur, et si à la dernière épreuve chaque couleur avait eu un avantage égal, on pouvait défaire son pari. Ainsi dans cette circonstance s'il fût resté deux bleus et deux verts, Silia aurait pu rompre ses gageures; mais du moment qu'il n'y avait qu'un bleu, il fallait qu'elle suivît la chance jusqu'au bout, ou qu'elle abandonnât la moitié de ce qu'elle avait parié. Malgré le calme dont elle se vantait, Faustus devina, aux questions qu'elle lui faisait tout bas sur l'adresse de son cocher, sur la qualité de ses chevaux, qu'elle était fort inquiète.

— Silia, lui dit le tribun, n'as-tu pas de foi en ma fortune?

— J'en aurais bien plus en toi-même, répondit Silia.

— Veux-tu donc que je descende dans le cirque? répliqua Faustus.

— De plus nobles que toi y sont descendus, reprit Silia.

— Et de moins nobles aussi ont préféré mourir que d'y descendre, dit amèrement Faustus.

Cette réponse était justifiée par beaucoup d'exemples de la mort préférée à l'infamie de se mêler aux jeux du cirque. Silanus n'était pas le seul qui eût eu le courage de son honneur; mais Silia, ne pensant qu'à son époux, devint confuse, rougit et baissa humblement les yeux. Faustus crut que ses paroles ne l'avaient blessée que par leur fierté, et il reprit plus humblement :

— Cependant, il y a un moyen de rendre honorable aux yeux de tous la honte de leur servir d'amusement: c'est de tenter la victoire, non pour la chance d'un gain sordide, mais pour plaire à une femme qui demande cette preuve d'amour. Ordonne-moi de conduire mes chevaux, et je les conduirai.

Silia, poussée par la crainte de perdre l'or

qu'elle avait engagé par vanité dans cette lutte, poussée aussi par ce puissant sentiment de tyrannie amoureuse des femmes, qui se plaît à demander quelquefois aux lâches des actes de courage, aux forts des actes de faiblesse, et aux nobles cœurs de basses complaisances, répondit à Faustus qu'elle désirait qu'il conduisît ses chevaux; et, pour que personne ne doutât que cette complaisance était pour elle, elle donna à Faustus un large pan du pallium qui couvrait ses épaules, et qu'elle déchira malgré sa richesse; et lui, s'étant dépouillé du sien, et ce lambeau à la main, sauta dans le cirque et courut à son char.

Le peuple aimait Faustus, et il applaudit avec fureur à ce qu'il avait sifflé dans les autres jeunes patriciens. Le duumvir, qui avait vu l'action de Silia, en pâlit de rage, et excita les rivaux de Faustus par d'amères plaisanteries. En effet, c'étaient les chars conduits par les jeunes patriciens qui étaient restés vainqueurs, et la course décisive eut lieu ainsi entre des hommes égaux par la naissance, sinon par le rang.

Faustus portait dans tout ce qu'il faisait une assurance et une liberté qui lui donnaient toujours l'air du maître de sa fortune. Ainsi, quand il monta sur son char et qu'il saisit les rênes, il sembla qu'il emportait la victoire avec lui; les chevaux mêmes semblèrent le reconnaître sans qu'il les excitât : ils se relevèrent avec orgueil et devinrent impatients.

Bientôt le signal fut donné, et tous les chars s'élancèrent avec une rapidité si égale, qu'on eût cru les quatre chars liés ensemble; mais les connaisseurs voyaient que deux des cochers poussaient leurs chevaux, et que deux autres les maintenaient pour conserver cette égalité, les plus forts voulant mettre d'abord les plus faibles hors de combat. Le premier tour s'acheva ainsi; au second, le seul adversaire digne de Faustus se détacha en avant et les dépassa tous.

Les verts applaudirent, les bleus furent alarmés. Ceux-ci disaient cependant : Il a forcé trop vite les chevaux. Les autres répondaient : Il s'est assuré le moyen de couper toujours la carrière à Faustus.

En effet, celui-ci avait suivi l'exemple de son rival et le serrait de près; mais son adversaire, attentif à chacun de ses mouvements, le croisait sans cesse avec une adresse qui désespérait les parieurs de Faustus. Ce manége dura jusqu'à la fin du second tour; mais il avait grandement fatigué les chevaux du premier char, forcés à tout moment de changer de direction. Faustus l'avait prévu : dédaignant donc de retenir ses chevaux au moment où son adversaire semblait ne pas lui laisser de place entre son char et le mur du cirque, il les poussa si vivement, qu'ils devançaient déjà la roue de son adversaire, quand celui-ci, s'en apercevant, jeta vivement son char de ce côté, espérant heurter les chevaux de Faustus à l'épaule et les blesser, mais le tribun avait prévu ce mouvement, et, s'arrêtant aussitôt, il précipita ensuite son char de l'autre côté avec une si habile rapidité, que son adversaire était loin derrière lui avant qu'il eût pu essayer à reprendre son avantage.

Longtemps l'attention de Silia avait été suspendue à cette course comme par une chaîne.

Mais quand elle vit Faustus sûr de la victoire, elle se hasarda à regarder dans une loge où elle entendait une voix haletante murmurer à chaque tour :

Courage ! courage !

Et elle reconnut que c'était une jeune vierge, emportée par l'intérêt de la course, qui prononçait ces mots : elle était assise près d'Eumolpe, le cou tendu, les yeux fixes, et Silia reconnut sa fille à la rare beauté qui la distinguait.

En toute autre occasion Silia eût été fière de cette beauté ; mais l'accent de cette voix, si ardente pour le succès de Faustus, lui jeta dans le cœur les premiers germes d'un soupçon qui se développa si rapidement, que lorsque Faustus vint se remettre à son côté, au lieu de l'accueillir avec les doux transports que méritait sa victoire, elle lui dit :

— Tu me demandes si je suis contente ; ce n'est pas moi qui suis la plus contente du cirque.

Ainsi sont faites les femmes : elles accusent en raison d'un soupçon presque autant qu'en raison d'un crime ; et en ce cas, elles sont d'autant plus cruelles que, n'ayant pas de raison à donner de leur humeur, elles s'indignent qu'on leur en demande compte, et veulent qu'on la supporte sans explication.

Si les jalouses savaient que c'est pour avoir trop souvent soupçonné à tort qu'elles finissent par soupçonner avec raison, et qu'on suggère l'idée des trahisons dont on accuse sans cesse, elles seraient plus raisonnables ou plus adroites. Mais en quel temps et en quel lieu la passion a-t-elle jamais été sage?

Silia fit donc un mauvais accueil à Faustus après ce qu'il venait d'oser pour lui plaire, et elle lui tourna le dos d'une manière si manifeste que le duumvir lui-même s'en aperçut et trouva une occasion de se réjouir de la même chose qui l'avait d'abord si fort alarmé.

—Elle a abaissé l'orgueil de Faustus, disait-il : ce vaniteux tribun est descendu dans le cirque, et il n'aura que la honte de s'être donné en spectacle : c'est justice.

Cependant les jeux continuaient, et après les courses de char vinrent les combats des bêtes féroces entre elles; puis, après le combat des animaux, ceux des criminels contre ces animaux, et enfin ceux des gladiateurs.

Nous ne ferions pas la description de ces spectacles tant de fois racontés, sans un incident qui se rattache plus particulièrement à notre récit.

Parmi les gladiateurs on en avait remarqué un nommé Asclyte : il était d'une taille élevée et d'une beauté non moins remarquable que sa force; il avait plutôt l'air d'un noble guerrier que d'un vil gladiateur. Dans les combats divers qu'il avait eu à soutenir, il avait si facilement remporté l'avantage sur tous ses rivaux qu'aucun de ceux qu'il avait blessés n'avait été condamné à mourir, tant il semblait injuste de faire périr des hommes qu'aucun courage ne pouvait sauver d'une si grande supériorité d'adresse et de force. Ce triomphe perpétuel avait même fini par irriter le peuple contre lui, et ses cris demandaient toujours de nouveaux adversaires contre Asclyte.

Enfin il s'en présenta un dont la stature et l'air féroce étonnèrent le gladiateur, tout brave qu'il était. C'était un Breton dans la force de l'âge, horrible à voir à cause de sa barbe inculte et de ses cheveux teints en rouge. Ses bras et ses jambes étaient couverts de peintures ineffaçables faites à la pointe du glaive, et c'est de cette coutume que leur était venu le nom de Pictes que leur avaient donné les Romains.

Le nouveau venu promena sur l'assemblée un regard féroce et hébété, et le reporta sur son ennemi avec la même farouche avidité qu'on avait pu remarquer dans l'œil sanglant d'un tigre, qui, dans le combat précédent, n'avait pas déchiré moins de trois hommes.

Asclyte avait demandé une nouvelle épée et un nouveau bouclier plus légers que ceux dont il s'était servi jusque-là. Chacun s'en étonnait, estimant que les armes les plus fortes ne l'étaient pas trop pour résister à la vigueur des coups de ce nouvel Antée. Mais le but d'Asclyte était de fatiguer son robuste mais lourd adversaire par la rapidité de ses attaques et de ses retraites, et il avait besoin pour cela de ne pas être lui-même accablé par le poids de ses armes.

Ce manége lui réussit long-temps, et le peuple, qui l'entendait rire toutes les fois que le Breton, se croyant près de l'atteindre, frappait quelque coup terrible qui faisait siffler l'air, trouva la présomption d'Asclyte si insolente qu'il fit manifestement des vœux pour le Breton. Il sembla que la fortune les entendit, car au moment où pour la vingtième fois Asclyte venait de tromper la fureur de son ennemi, après l'avoir légèrement blessé, il glissa dans le sang dont son épée avait déjà inondé l'arène, et sentit sur sa poitrine le genou de son ennemi avant qu'il pût se relever.

Mille cris demandaient sa mort, et le Breton consultait de l'œil les mains levées autour de lui, pour savoir s'il devait frapper, lorsqu'un homme, d'un aspect sérieux et honorable, placé derrière Chrysis, s'écria :

— N'y a-t-il pas une honnête femme qui veuille intercéder pour ce brave soldat ?

Chrysis se retourna à ces paroles, et l'étranger lui dit avec un ton de commandement :

— Fille de Silanus, sauve la vie à cet homme !

Chrysis, poussée par une sorte de crainte religieuse en entendant le nom de son père, se leva toute droite, et, portant son pouce en l'air, marqua ainsi qu'elle ne voulait point la mort de cet homme. Beaucoup de femmes de celles qui l'entouraient imitèrent son exemple; il gagna de proche en proche, et Asclyte fut sauvé. On remarqua qu'en se relevant il porta ses regards du côté où s'était fait entendre la voix de l'étranger, et qu'il y eut un regard d'intelligence échangé entre eux.

Cet incident fut l'occasion de nouvelles plaisanteries adressées à Faustus, et Métellus, celui qui l'avait d'abord malignement félicité devant Silia sur la belle étrangère qu'il avait protégée, s'empressa de lui dire :

— Tu es malheureux dans tes rivalités, Faustus; on dit que cet Asclyte t'a précédé dans le cœur de Pannychis, quand elle habitait Crotone, et maintenant tu dois craindre qu'il ne te succède dans le cœur de ta nouvelle conquête, car c'est elle qui a demandé sa vie.

L'indignation de Silia la fit pâlir, et, quoique durant la conversation qu'elle avait eue avec Faustus, elle lui eût laissé voir que c'était l'intérêt que lui avait montré cette jeune fille qui lui avait déplu, elle s'écria cependant avec colère :

—Comment un homme de cœur peut-il tenir de tels propos contre un enfant pur comme le jour? et comment celui qui prétend l'avoir protégée peut-il les entendre de sang-froid?

L'amante et la mère luttaient ainsi dans le cœur de Silia; l'amante redoutant et détestant la beauté de la jeune fille; la mère défendant son honneur avec noblesse.

Faustus était assez amoureux pour avoir décidé en lui-même de ne pas tenir l'hospitalité qu'il avait offerte aux deux étrangers pour ne pas alarmer davantage les soupçons de Silia; mais cette mauvaise action lui coûtait : il fut donc heureux d'avoir à en faire une bonne selon les désirs de Silia, et il imposa silence au mauvais plaisant avec une telle autorité et des reproches si sanglants sur ses mauvaises mœurs qui lui faisaient calomnier celles des autres, que le jeune patricien baissa les yeux devant le regard irrité de Faustus, mais en se promettant de se venger de cette leçon, qui, au dire de chacun, n'était pas la première qu'il recevait du tribun.

Cependant les jeux de ce jour étaient terminés, ou plutôt le dernier plaisir réservé au peuple allait commencer. On avait nettoyé l'arène, enlevé les débris des armes, effacé sous un sable jaune et brillant le sang dont elle était tachée, et on avait ouvert les portes à la multitude, qui s'y était précipitée de toutes parts. Quand le cirque fut à peu près rempli de ce qu'il y avait de plus vile populace, le duumvir fit lancer dans l'arène et de diverses parties de l'amphithéâtre de petits carrés de bois en forme de dé, que chacun s'empressait de saisir: il en résultait un tumulte, des luttes, des combats qui cependant n'avaient rien de dangereux, car il était défendu de se servir d'autre effort que de celui de l'épaule pour écarter les concurrents, et celui qui eût été aperçu portant les mains sur un citoyen pour l'arrêter ou le repousser, eût été immédiatement chassé de l'arène par les licteurs. Les esclaves chargés de ces distributions avaient deux corbeilles différentes, l'une pleine de ces petits carrés de bois, l'autre chargée de légères feuilles d'ivoire qu'il distribuait dans les loges des patriciens et des riches plébéiens, afin que chacun eût part aux chances du hasard.

Bientôt tous les dés de bois et toutes les tablettes d'ivoire furent épuisés. On annonça que les lots allaient être distribués. Un crieur public, à qui sa voix puissante avait fait donner le nom de Stentor, rendu fameux par Homère, monta à une place élevée et demanda quel était celui à qui était tombé tel numéro. On n'appelait ainsi que ceux auxquels un prix quelconque était attaché. Ce fut pour les uns un objet de félicitation, pour beaucoup d'autres un objet de raillerie. C'était tantôt une mesure de blé, un attelage de bœufs, une acre de terre ; tantôt une paire de vessies, un chien mort, un grain de sable : cela produisait tour à tour de grands applaudissements et de grands éclats de rire. Il se trouva que la tablette donnée à Silia portait une table d'airain de Corinthe. Tout le monde se récria sur le bonheur qui la suivait partout, et quelqu'un, assis près d'Eumolpe, ayant dit que le bonheur ne lui paraissait pas si grand, le poëte s'empressa de l'apostropher, en lui disant :

— Ignorant, ne sais-tu pas que l'airain de Corinthe est le plus précieux des métaux, car il les renferme tous et réunit en lui toutes leurs qualités : solide comme l'acier, lié comme l'or, sonore comme l'argent, souple comme le cuivre, il accepte toutes les formes et les conserve durant des siècles dans leur pureté; et cependant c'est au hasard qu'on doit une si utile et si riche découverte.

Chacun ayant pressé le poëte de dire ce qui avait amené ce hasard, voici ce qu'il raconta :

Après le sac de Sagonte, Annibal, aussi fripon qu'un valet de comédie, ordonna qu'on jetât dans un fourneau toutes les statues et tous les vases d'or, d'argent et d'airain qui avaient été enlevés de cette malheureuse ville. C'est de cette fusion qu'est sorti ce métal inestimable qui vaut mieux que le plus riche des trois.

Pendant qu'Eumolpe faisait ce récit, que, selon son habitude, il entremêlait de réflexions qu'il appelait philosophiques, le tirage des lots continuait. Nous ne les nombrerons pas ; mais, s'il y en avait de ridicules, il s'en trouvait de magnifiques, et parmi ceux-ci on admira une maison de campagne meublée, un vaisseau propre à naviguer sur le Rhône, et une statue de marbre de Paros, estimée la plus belle de la collection de Bibulus. D'autres se firent remarquer par leur singularité : on eût dit véritablement que le hasard était le dieu de cette journée ; car le héraut ayant demandé qui avait le numéro mille vingt, Cnéius se leva, et il se trouva que c'était une invitation à souper lesoir chez Bibulus, qui devait réunir dans un grand festin les principaux de la ville, et par conséquent mettre le jeune Romain en présence de sa mère sans que celle-ci s'en doutât ; car depuis longtemps elle avait quitté le cirque, et Faustus n'avait pas tardé à la suivre. Le crieur ayant encore demandé qui était le porteur du numéro mille cent un, Eumolpe se leva fièrement en souriant, et en disant qu'il était sûr que le hasard l'avait favorisé.

— Eh bien ! lui dit le crieur, en suspendant malignement ses paroles, présente-toi ce soir au palais de Bibulus, et tu recevras vingt coups de fouet sur les épaules.

Puis il ajouta au milieu des rires universels :

— N'oublie pas de venir, ou le duumvir t'en enverra cinquante par les mains du bourreau.

La colère d'Eumolpe ne fit qu'exciter de nouveaux rires contre lui, et la distribution continua avec des chances diverses.

L'heure était déjà avancée et chacun regagnait sa maison. C'était le moment où les courtisanes de bas étage, répandues autour du cirque, appelaient les passants par des regards provoquants ou par des paroles prononcées à voix basse; les unes vantaient la splendeur de leur demeure, les autres avaient un festin tout prêt à être servi et qui ne pouvait pas attendre; de vieilles femmes promettaient des vierges à peine sorties de l'enfance, et les débauchés faisaient leur marché au milieu de la foule, en feignant de prononcer en l'air des paroles destinées à l'oreille de ces femmes; puis ils gagnaient par des rues détournées la demeure qui leur avait été enseignée.

Cependant Cnéius entraînait rapidement sa sœur loin de ce hideux spectacle. Résolu à profiter de l'hospitalité que lui avait offerte Faustus, il s'informa de la rue où sa maison était située, et accompagné d'Eumolpe il l'eut bientôt découverte. Faustus n'y était point; mais il avait reparu pour ordonner qu'on accueillît avec distinction les hôtes qui se présenteraient. Le bain était préparé pour eux, et la nourrice de Faustus avait été chargée de prévenir tous les désirs de Chrysis.

Quand Cnéius sortit de la salle où il avait rafraîchi son corps et l'avait nettoyé de la poussière dont il était couvert, des habits plus riches que les siens lui furent présentés, et lui donnèrent une nouvelle grâce, sinon plus de beauté.

Cependant ni Eumolpe plongé dans la tristesse à cause du lot qui l'attendait à la porte du duumvir, ni Cnéius et Chrysis, tous deux absorbés par de nouvelles réflexions, ne s'aperçurent qu'ils étaient suivis par Gnaton, qui accomplissait ainsi les ordres de Pannychis, et par le vieillard qui avait poussé Chrysis à demander la vie d'Asclyte, et qui semblait très-envieux de connaître la demeure de ces deux jeunes gens; mais ni l'un ni l'autre de ces curieux n'en put apprendre plus qu'il n'en avait vu; car Gnaton ayant voulu interroger le portier de la maison de Faustus, celui-ci le repoussa avec mépris et refusa, en le menaçant du fouet, les pièces d'or que le misérable voulait lui faire accepter. Le vieillard, qui avait été témoin du débat, ne tenta pas de corrompre cet honnête esclave et se contenta de dire :

—L'honneur des maîtres fait la vertu des serviteurs; ce que tu viens de répondre, esclave, me montre que Faustus mérite tout le bien qu'on dit de lui.

Et sur ces paroles il s'éloigna en prenant la

route de l'auberge où était logé l'entrepreneur des jeux, celui qui avait fourni les bêtes féroces et les gladiateurs.

III.

Silia était rentrée dans sa maison bien assurée que Faustus l'y suivrait bientôt. Le rendez-vous qu'elle avait donné au duumvir ne pouvait avoir lieu qu'après que les jeux seraient entièrement terminés, et il restait plus de temps qu'il n'en fallait à Silia pour recevoir Faustus et apprendre ce qu'elle pouvait attendre de son amour. Aussi dès qu'elle fut rentrée elle se hâta de se renfermer dans la pièce la plus reculée de son gynécée; le demi-jour tant recommandé aux belles par Ovide fut adroitement ménagé. Elle dépouilla le costume somptueux qu'elle avait revêtu le matin pour se couvrir d'une légère tunique, et, demeurée seule avec son esclave Daphné, elle lui donna ses ordres secrets.

— Tu resteras, lui dit-elle, dans l'atrium à jour avec quelque esclave, et lorsque Faustus se présentera tu sembleras ne pas l'apercevoir. Le portier refusera de le laisser entrer ; Faustus insistera sans doute ; alors avance-toi, et feins de prendre sur toi d'introduire Faustus au risque de me désobéir. On sait assez que je te pardonne tout ce que tu fais pour qu'on te laisse faire.

— J'obéirai, répondit Daphné malicieusement, et je vous amènerai Faustus sans vous prévenir ; car vous venez de prendre un costume dans lequel il faut qu'on soit surprise. Ce n'est pas un costume d'attente.

Silia prit un air sévère, et Daphné ajouta avec prière :

— Aimez-le véritablement, celui-là : il le mérite ; il est jeune, il est beau, il est noble, et il vous aime.

—Et que t'a-t-il donné pour que tu plaides si bien sa cause?

— Il m'a donné, à moi qui le sers, bien moins qu'à vous dont il est l'esclave; un regard bienveillant et une parole flatteuse.

—Et quelques oboles d'or?

—Bon pour le duumvir, reprit Daphné en riant, celui-là ne ménage point les présents il est si riche.

—Et tu le sers fidèlement, ce me semble, reprit Silia, d'un air railleur.

—Certes, répondit l'esclave, je vous vante son mérite quand j'en trouve l'occasion; ne viens-je pas de vous dire qu'il était riche.

Silia renvoya son esclave favorite et demeura seule dans son boudoir. Elle s'étendit sur un lit qui en occupait l'alcôve et se prit à réfléchir. Voici quelles furent ces réflexions:

Ce n'est plus, se dit-elle, le choix d'un amant qui me reste à faire, c'est le choix d'un mari, car je suis libre et maîtresse de moi maintenant, et mon amour ou mes faveurs ont d'autant plus de prix que ce n'est plus dans un marché clandestin où une intrigue cachée que je les donnerai. Sans doute Bibulus est marié, mais la répudiation de sa femme ne lui coûterait probablement pas un grand effort. Faustus est libre et sera à moi quand je le voudrai; mais Faustus ne possède que des biens très-médiocres et qui lui permettent à peine de soutenir le rang qu'il occupe. Ma fortune est grevée d'emprunts et celle de mon époux est perdue pour moi comme pour mes enfants. Il serait donc déraisonnable d'accueillir les vœux de Faustus du moins comme mari.

Faut-il le dire à la honte de Silia, peut-être à la honte des femmes, elle préférait l'opulence et ses plaisirs vaniteux, nous ne dirons pas au bonheur, ce serait peu, mais à son amour; car elle aimait Faustus. Il est vrai qu'elle retournait et recommençait sans cesse le même raisonnement, pour voir s'il y avait de bonnes raisons pour choisir Faustus; mais l'ambition concluait toujours logiquement en faveur du duumvir. Lui seul pourrait adopter convenablement Cnéius et Chrysis, et obtenir pour l'un une charge considérable et donner une dot à l'autre. Faustus n'avait jamais été si loin du succès à ce que pensait Silia; Bibulus, amant ridicule était devenu un excellent mari. Se donner à Bibulus pour son or c'était infâme; l'épouser pour la même raison n'avait rien que d'honorable et de prévoyant pour une mère de famille. Bibulus triomphait, et cependant elle attendait Faustus, et, comme Faustus n'arrivait pas assez vite elle commençait à s'alarmer.

C'est un dédale si inextricable que le cœur d'une femme qu'elle-même ne saisirait pas souvent le fil qui doit l'y conduire, et qu'elle se laisse aller au hasard pour sortir de ses perplexités. Tout ce que Silia avait de raisonnement ambitieux et passionné, nous ne disons pas de raison, lui conseillait d'épouser Bibulus; tout ce qu'elle avait de cœur et de souvenir des principes de morale lui recommandait d'épouser Faustus : c'étaient deux passions et deux logiques en présence.

A l'âge où l'on commence la vie du cœur, on ne balance pas longtemps; à l'âge où elle est finie, on ne balance pas davantage : mais quand on est encore assez jeune pour aimer beaucoup et être aimée de même; et qu'on est assez déjà âgée pour prévoir que le moment va arriver où les vanités de la fortune seront les seules raisonnables, on hésite : et Silia hésitait.

A vrai dire, elle avait remis sa décision à prendre à ceux qui l'attendaient d'elle. Chacun sans s'en douter allait décider de son sort. Il fallait beaucoup d'amour à Faustus pour lutter avec les trésors de Bibulus; beaucoup de trésors à Bibulus, pour lutter contre l'amour de Faustus.

Enfin celui-ci parut, Daphné le fit entrer tout d'un coup, sans prévenir, sans frapper, sans gratter; car on grattait à la porte des dames romaines comme à celle des reines d'Espagne, et l'on conseillait aux amants d'y user plutôt leurs ongles que de se retirer.

Silia qui s'était préparée à être surprise le fut réellement, la préoccupation l'avait gagnée plus qu'elle ne pensait. Aussi ce fut avec un naturel parfait qu'elle rougit jusqu'au blanc des yeux et qu'elle se couvrit mal d'un pallium jeté près d'elle, et qui devait la cacher et la découvrir assez pour qu'elle parût pudique et restât provoquante.

Daphné s'excusa en s'enfuyant, et Silia demeura avec Faustus, qui s'approcha avec la plus douce espérance.

Les grands Romains de Corneille et les plaisanteries de Boileau contre les Brutus galants et les Catons damerets nous ont un peu habitués à nous imaginer les hommes de cette nation et de cette époque comme de sévères esprits sans cesse occupés de graves intérêts ou de sérieuses discussions. A supposer que ce caractère fût vrai pour la Rome républicaine, il ne l'était pas pour la Rome impériale. Les occupations de l'amour étaient une affaire aussi importante à la cour du froid Auguste qu'à celle de notre libertin Louis XV. L'antiquité nous a laissé des codes amoureux qui eussent fait encore la leçon à nos petits maîtres de ruelle. Faustus n'était pas de ceux-là; mais Faustus aimait et savait ce que c'est qu'aimer. Il s'approcha donc de Silia et lui dit doucement:

— Pourquoi cette frayeur à mon aspect, Silia?

— Je n'ai aucune frayeur, Faustus, mais je ne t'attendais pas.. je me croyais seule.. j'étais fatiguée, je reposais.

— Pourquoi, dit Faustus en retenant la main qui étendait le pallium, pourquoi me dérober ces charmes que j'adore et qui me semblent préférables à ceux de Vénus, la déesse de la beauté ?

Cette flatterie n'écarta point la tristesse du front de Silia, et elle répondit :

— Oui, Faustus, tu m'aimes, et je t'aime mais, nous sommes tous deux des insensés.

— Tu m'aimes ! Silia, s'écria Faustus ravi.

— Pourquoi te le cacher et qu'importe que je te le dise; à moins que ce ne soit pour te donner un regret comme à moi?

— Que veux-tu dire ?

— Que je ne veux pas avoir seule le désespoir de t'avoir aimé et de n'avoir pu être à toi, et que je veux que tu te dises aussi : Elle m'aimait et elle m'a refusé !

— Silia, tu me tiens d'étranges discours; Silia, je t'aime, et si j'espère; je ne te l'ai pas dit.

Silia sourit et répondit doucement :

—Faustus, tu as trente ans, et moi aussi; nous ne sommes plus des enfants qui marchons en aveugles dans notre amour jusqu'au moment où une occasion ouvre la porte au déshonneur. Tu sais ce que tu veux de moi, et je ne prétends pas que tes désirs me soient une injure et me fassent horreur.

—Eh bien, Silia! reprit Faustus en s'approchant d'elle.

— Eh bien, dit Silia, nous serions deux insensés si nous écoutions cette passion.

—Insensés d'être heureux!

—Insensés de perdre, toi ton avenir et moi la considération qui m'est nécessaire. Tu n'es pas riche, Faustus; mais tu es un de ces hommes dont les talents valent la plus riche dot. Je suis moins opulente que tu ne le crois, j'ai une fille à qui je ne peux donner que sa bonne renommée, et la réputation d'une fille dépend plus qu'on ne pense de celle d'une mère.

Faustus se tut assez embarrassé de la justesse de ce raisonnement. Les femmes qui se défendent en parlant de leur vertu, ne persuadent pas. Celles qui nous opposent un intérêt raisonnable et honorable nous arrêtent bien autrement.

—Tu le vois, continua Silia, je ne fais avec toi ni vaine pudeur ni protestations fausses; je te dis ce qui est vrai et ce qui est juste. Et c'est parce que je savais que la justice et la vérité ont un grand pouvoir sur ton cœur que je t'ai reçu ici, où je suis presque à ta discrétion.

Et disant ces paroles, Silia s'était pour ainsi dire laissée voir dans toute sa beauté et dans toute sa faiblesse; elle avait jeté sur elle-même un regard qui semblait dire : Vois comme je suis belle, vois comme nous sommes seuls! Faustus ne comprit pas le sens des paroles de Silia, mais sa vue lui révéla tout ce qu'elle voulait, et il s'approcha d'elle avec ardeur en lui disant.

—O Silia! pourquoi penser à l'avenir, à demain, quand le bonheur est si près de nous?.. Silia, Silia....

Elle le repoussa avec faiblesse.

— Faustus, lui dit-elle, vous êtes sans générosité.

—Oh! pardonne, si tu m'aimes.

—C'est parce que je t'aime que je ne te pardonne pas ; c'est parce que je me suis fiée à toi comme à un ami que je ne puis te pardonner... Tu ne m'as pas comprise, Faustus; tu crois que je joue ici la pudeur alarmée et qui se débat : oh non. Je t'aime, Faustus, et t'appartenir serait mon bonheur, un bonheur que j'avoue; mais, Faustus, si je me donnais à toi, ce serait ma vie que je te donnerais, et la tienne que je te demanderais en échange ; ce serait plus que ton nom et ta main si j'étais libre; ce serait ta considération, tes espérances, tes projets, ton avenir, perdus peut-être, parce que tu serais à moi; ce serait de braver les lois et les mœurs, ce serait de traiter comme ton épouse, celle qui ne le serait pas ; d'obtenir pour elle un respect qu'elle ne mériterait plus, ce serait l'impossible.

— Silia, s'écria Faustus, c'est un mot que je ne connais pas; tout ce que tu demandes tu l'obtiendras, tout ce que tu crains je le repousserai.

—L'oserais-tu? dit Silia véritablement émue.

— Par les dieux ! je te le jure...

— Tu m'aimerais donc assez si j'étais libre pour me donner ton nom et ta main ?

Faustus, tout emporté qu'il était, par la passion, se tut un moment et reprit presque aussitôt :

— A quoi bon parler de ce qui ne peut être?

Cette fois Silia, pâle et tremblante, le repoussa violemment et demeura comme anéantie. Elle venait d'apprendre une chose qu'elle ne savait pas, si habile qu'elle pût être. C'est qu'il était une chose que Faustus ne lui eût pas sacrifiée, c'était son nom. Et ceci est vrai : il y a des hommes, et les exemples ne manquent pas, qui entraînés dans un amour déraisonnable, sacrifient à une femme leur considération et la considération de leur nom, leur fortune, l'amitié des plus dévoués, l'estime des plus honnêtes, la protection des plus puissants; qui acceptent pour elle l'exil du monde, ses calomnies et plus encore ses risées, et qui ne donneraient pas leur nom à cette femme. C'est qu'alors plus qu'aujourd'hui, dans ce temps où la société était basée sur la famille, le nom était un patrimoine dont on était bien plus responsable que de son propre honneur. César le débauché répudiant sa femme en disant que l'épouse de César ne devait pas même être soupçonnée, nous montre ce qu'était chez les Romains cette religion du nom. Celui qu'on avait appelé le mari de toutes les femmes et la femme de tous les maris portait sans embarras cette mauvaise réputation, et ne voulait pas cependant que sa femme pût être accusée.

Silia avait vu tout cela dans la physionomie de Faustus et dans sa réponse évasive, car Faustus était trop amoureux pour lui dire la vérité, et trop honnête homme pour la tromper. Ce fut donc à la fois un désespoir et une humiliation. Le choix de Silia venait de se faire : elle sera l'épouse du duumvir, si pourtant le duumvir le veut, car l'échec que venait d'éprouver Silia devant Faustus lui faisait douter de sa victoire sur Bibulus.

Tout ce que nous venons de dire avait été l'affaire d'un moment; mais la position avait été changée comme par un coup de foudre. Silia, suffoquée par ses larmes, cacha sa tête dans les coussins de son lit et se laissa voir pleurer, car elle était encore plus désespérée qu'humiliée. Elle aimait si bien Faustus qu'elle ne lui avait pas encore préféré sa vanité; mais enfin ce sentiment, qui était désormais sa dernière défense, finit par triompher.

Faustus cependant ne comprenait pas cette douleur. Il croyait qu'on n'avait pas compris son refus parce qu'il ne l'avait pas nettement exprimé ; il pensait n'avoir rien dit parce qu'il n'avait pas parlé ; il implorait donc une parole de Silia pour avoir l'explication de ses larmes. Enfin elle parvint à les dominer et dit à Faustus avec une franchise qui le rendit confus:

— Si tu m'avais assez aimée pour me dire : tu seras mon épouse, j'aurais peut-être consenti à n'être que ta maîtresse ; car je t'aime assez pour te préférer à moi ; mais j'eusse voulu que tu me laissasses l'honneur de cette générosité. Tu m'as ravi la seule chose que j'eusse à te sacrifier : ta prudence m'a prévenue. Je t'en félicite, et te souhaite tout le bonheur possible.

— Silia, tu oublies que je le voudrais ; que c'est impossible.

— Tu m'as dit ne pas connaître ce mot.

—Silia, sois assurée que pour ton amour...

—Oh! assez, n'en parlons plus. Je ne te hais pas pour ce que tu viens de faire; et je ne te mésestime pas. Je te demanderai demain un grand service, Faustus; un immense service, honorable pour tous deux.

— Oh! je te jure, Silia...

— Je n'ai pas besoin de serments, c'est une bonne action : tu la feras. Adieu.

Elle lui montra la porte du doigt et il sortit accablé, s'expliquant mal la secrète pensée de Silia et se demandant s'il n'existait pas une raison cachée qui avait dicté sa conduite.

Nous ne le suivrons pas dans la longue excursion qu'il fit hors la ville, et durant laquelle il se dirigea un moment vers le camp occupé par sa légion, cherchant dans ses devoirs une distraction à ses chagrins. Il évita même de rentrer chez lui, ne se sentant pas le courage d'offrir à ses hôtes les soins empressés qu'on doit à des étrangers. Nous resterons auprès de Silia, qui, dès qu'elle fut seule, se leva avec colère et, ayant appelé ses femmes, se fit vêtir d'une nouvelle tunique, la plus épaisse et la plus longue de sa garde-robe, et qui quitta l'appartement supérieur pour se rendre dans le tablinum ; car l'heure s'approchait où le duumvir Bibulus allait venir.

Silia s'était montrée à Faustus et livrée pour ainsi dire à lui ; mais autant elle eût voulu lui appartenir, quoiqu'elle fût sûre de l'arrêter, parce qu'il l'aimait; autant elle sentait d'éloignement pour le duumvir, et craignait de s'exposer à une lutte brutale qu'il eût tentée s'il en eût trouvé l'occasion. Elle s'était défendue de l'amour de Faustus tout en excitant cet amour même; et elle se protégeait matériellement contre les désirs moins ardents, mais plus effrontés de Bibulus.

Celui-ci arriva enfin; il n'eut pas besoin d'esclave adroitement placée à la porte pour l'introduire, il entra tout droit en jetant son nom au portier comme un laissez-passer qui ne devait pas trouver d'obstacle, et qui n'en trouva pas en effet. Lorsqu'il entra dans le tablinum, Silia, qui était assise, se leva et l'accueillit comme on devait recevoir le duumvir, c'est-à-dire le premier magistrat de la colonie.

— Ce n'est pas le duumvir qui entre, belle entre les belles, s'écria-t-il, c'est ton esclave.

— Tu m'as demandé un rendez-vous, Bibulus, je te l'ai accordé; que me veux-tu!

— Hé! reprit celui-ci, ce que j'ai toujours voulu, ton amour.

— Et, quand je te le donnerais, où cela te mènerait-il? dit Silia d'un air hautain.

— Mais où mène l'amour d'une femme, dit Bibulus, en se donnant un air léger que l'ampleur de son ventre rendait grotesque.

— D'ordinaire il mène à l'épouser quand elle est libre.

— Mais tu ne l'es pas.

— Alors tu vois que cela ne te mènera à rien.

— Allons, noble Silia, reprit Bibulus, ne joue pas avec moi les sentiments exagérés; qu'est-ce que le nom d'un homme? c'est la moindre chose.

— Sans doute, quand cet homme n'est rien; mais quand il est le premier de la ville, et peut-être du monde, on y tient.

— Il est vrai que le nom du duumvir Bibulus est quelque chose, reprit celui-ci d'un air satisfait; mais il est donné.

— On peut le reprendre, surtout quand il a été confié à une femme qui en est aussi embarrassée que des parures dont tu la charges. En vérité, tu ferais mieux de promener avec toi une idole chargée de joyaux et de la faire asseoir dans un festin à tes côtés; elle montrerait aussi bien que Fortunata combien tu es riche, et ne ferait pas rire à tes dépens.

— C'est très-bien, dit Bibulus, je puis la répudier, et il y a long-temps que je le médite. Fortunata ne m'est plus utile; ma fortune est en ordre, et la sotte ne m'a été bonne qu'a cela, rien qu'à cela, je te le jure. Mais je le ferais, je la répudierais, que cela ne me servirait de rien.

— C'est ce que je pense aussi, dit Silia, et je ne t'en ai parlé que parce que je voudrais te voir enfin maître de faire ce qui te convient. Tu comprends qu'il est odieux de savoir qu'on ne peut recevoir la visite d'un ami sans qu'il y ait derrière ses pas une Mégère qui le fasse guetter et qui calomnie les entrevues les plus innocentes.

— Oui, dit Bibulus, Fortunata est jalouse.

Silia le regarda d'un air de pitié.

— Jalouse! dis-tu? de ta liberté, je le crois; de ta personne ou de ton amour, cela me semble difficile après s'être si longtemps et si souvent consolée de ton abandon.

Bibulus se mordit les lèvres et répliqua :

— Laissons là Fortunata et parlons de nous.

— Tu as raison; parle donc. Qu'as-tu à me dire?

— Mais... ce que je t'ai dit si souvent.

— Et j'ai toujours à te répondre la même chose.

— Silia, as-tu oublié que ce ne sont pas des vœux stériles que je t'offre.

— Tu veux m'acheter, Bibulus; je te remercie, je ne suis pas à vendre.

— Jamais tu ne m'as parlé avec cette humeur, Silia. Mes présents paraissaient te plaire.

— Et je les ai fait enfermer dans un coffre pour te les rendre le jour où tu me les reprocherais.

Ah ! j'enjure tous les dieux, je ne te les

reproche pas : mais tu me hais donc bien ?

— Te haïr! Bibulus, dit Silia d'un air caressant; as-tu l'habitude d'être haï par les femmes? Non assurément.

La vanité du duumvir s'éveilla.

Silia continua :

— Tu sais trop le contraire, et peut-être, est-ce ce qui m'épouvante. Si tu étais pauvre, qui sait? l'offre de tes biens, si modiques qu'ils fussent, me toucherait peut-être parce que tu me sacrifierais quelque chose, ton aisance, ton bonheur. Mais tu m'offrirais dix talents d'argent, tu m'offrirais dix talents d'or, tu m'en donnerais cent, qu'est-ce que cela me prouverait? que tu es immensément riche. Celui qui donne au mendiant un coin de son manteau de pourpre brodé d'or, lui donne plus que celui qui lui jette son manteau de laine; et pourtant, celui qui donne son manteau de laine a plus d'humanité dans le cœur, car il se dépouille tout à fait. Ainsi, je te l'ai dit, tes dons ne me prouvent qu'une chose, c'est que tu es riche.

— Et assez amoureux pour les élever à un

taux qui dépasserait peut-être tout ce que tu disais.

— Oh! reprit Silia en riant, ce serait un terrible événement chez toi. Non, Bibulus, puisque tu me trouves belle, il faut que tu puisses m'admirer gratuitement, car je suis sûre que Fortunata t'arracherait les yeux si tu disposais d'un sesterce sans sa permission.

Silia disait la vérité, et Bibulus le reconnaissait intérieurement; mais sa vanité se refusait à l'avouer.

— Fortunata ne m'a pas empêché de donner les jeux qui ont eu lieu aujourd'hui.

— Elle t'en a si peu empêché qu'elle te l'a permis et qu'elle a payé la dépense elle-même.

— Qui t'a dit cela? s'écria Bibulus avec colère.

— Mais... ceux à qui elle s'en est vantée. Gnaton, à qui l'entrepreneur des jeux remet en secret le dixième de ce que tu lui as payé.

— Gnaton, cet infâme... si j'en étais sûr...

Il s'arrêta, puis il reprit :

— Mais pourquoi revenir sans cesse à Fortunata? Laissons-la en paix, elle ne s'occupe point de ce que je fais... Sois franche, Silia... m'aimes-tu et ne me préfères-tu pas cet insolent Faustus?

— Faustus! s'écria vivement Silia. Ah je te jure que ce n'est pas un rival à craindre. Suffisant et si fier de sa beauté qu'il se croit maître d'une femme par cela seulement qu'il lui parle.

— Et pourtant il t'aime.

— Je ne sais et m'en occupe fort peu, et j'ai eu tort.

— Pourquoi? le regrettes-tu?

— Qui pense à cela? Mais à présent que j'y pense, son amour est un amour véritable; oui, ce doit être une passion bien violente que celle qui l'a poussé à une action aussi coupable que celle qu'il a faite.

— Quelle action?

— Il a fait solliciter Silanus de me répudier.

— Lui! et dans quel but?

— Il voulait, m'a-t-il dit, essayer de me toucher par l'offre de sa main, puisque son amour m'était indifférent.

— Il voulait t'épouser?

— C'est un fou. Il a trop oublié que l'éclat de son nom n'égale pas celui de Silanus, et que, malgré l'illustration de la famille des Faustus, elle n'est pas à comparer à celle de la famille Cornélienne dont je suis.

Silia, seule à Nîmes, loin de son époux, menant une vie qui, disait-on, n'était pas exempte de reproches, avait fait oublier son rang et la noblesse de sa race; mais elle les rappela assez à propos à Bibulus pour qu'il crût à la proposition d'un homme aussi honorable que Faustus, et que par un retour secret il rougît de la naissance obscure et des manières de Fortunata.

—Et tu n'épouserais pas Faustus, si tu étais libre? dit-il.

— Je n'épouserais point un homme que je n'aime pas.

—Et si nous étions libres tous deux? ajouta Bibulus.

Silia devint sérieuse, et puis se mit à sourire.

— Nous ne le sommes ni l'un ni l'autre; à

quoi bon faire des rêves qui troubleraient mon repos plus que le tien?

En parlant ainsi elle se leva.

— Silia, dit Bibulus, dis-moi un mot et je te jure....

— Non, dit Silia, ne me parle pas ainsi; est-ce en un moment qu'on décide de sa destinée?

— C'est ainsi que j'ai toujours agi.

— Oh! moi je suis plus prudente, et j'ai besoin de temps.

— Silia, lui dit Bibulus, tu assistes ce soir au festin que je donne à tous les nobles citoyens de Nîmes? Mets sur ta tête une couronne de bluets et je devinerai...

— Je n'irai pas chez toi, Bibulus; je hais trop Fortunata et j'aime trop... Je ne sais ce que je dis, d'ailleurs je connais ta splendeur : ce sera un enchantement que cette fête, et j'y souffrirais plus que je ne veux, ou j'y succomberais trop aisément; je préfère n'y pas aller.

— Viens-y.

— Non, Bibulus, Sémélé fût brûlée pour avoir voulu voir Jupiter dans sa majesté, et il n'y a que Junon, son épouse, qui puisse le regarder ainsi.

— Eh bien ! la place de Junon est à prendre dans mon olympe. Viendras-tu ?...

— Si j'y entre jamais, je n'en veux plus sortir.

—Eh bien ! viens reconnaître ton empire.

— Je le regretterais trop s'il me manquait.

— Je jure Jupiter que tu l'as conquis. Viens.

— J'irai, mais pour ne pas me faire remarquer par mon absence et aussi pour humilier Faustus. Car, écoute, Bibulus, je te parle naïvement. Je sais bien que tout ce que nous venons de dire, sont des propos en l'air ; mais, je t'en prie, flatte-moi de ton amour... montre à ce Faustus que je suis aimée par quelqu'un qui lui est supérieur, par toutes les qualités qui distinguent un homme, la puissance, le courage et l'esprit. C'est une petite vengeance de femme ; mais, tu me comprends, toi qui les connais si bien.

Et, sans attendre sa réponse, elle le quitta en le flattant du regard et du sourire, et après lui avoir abandonné sa main qu'il couvrit de baisers et qu'elle retira en laissant échapper un soupir, qui disait combien elle était émue.

Bibulus sortit ravi.

Certes, le manége de Silia eût été peu capable de faire prendre au duumvir une détermination aussi importante que celle de répudier Fortunata, si depuis longtemps elle ne l'avait accoutumé à cette idée; et si d'un autre côté elle ne l'avait mise en avant dans un moment où Bibulus avait, pour ainsi dire, décidé d'en finir avec sa femme.

Qu'on nous permette de raconter ce qui l'y avait poussé.

On se rappelle cet Asclyte, gladiateur vaillant, qui avait dû sa vie à l'intercession de Chrysis. Sa beauté avait flatté la vue et excité les désirs de beaucoup de nobles dames, et parmi celles-là, Fortunata avait été la plus ravie des charmes du gladiateur. Un message avait averti le vainqueur, et ce message lui avait été porté par l'esclave confidente, qui était alors partie nécessaire du mobilier d'une dame romaine. Mais alors, comme aujourd'hui, la discrétion qui se vend n'a besoin que de trouver un marché plus avantageux pour devenir trahison; et Psyché, l'esclave de Fortunata, ne portait jamais ses secrets messages qu'après les avoir confiés au duumvir qui laissait faire volontiers, se souciant fort peu de la vertu de sa femme qui ne lui rapportait rien.

Soit que celui que Fortunata envoyait à Asclyte lassât la patience du duumvir, soit que Psyché qui pensait profiter pour son compte de la répudiation de Fortunata, eût excité la colère de Bibulus assez adroitement pour qu'il se décidât à punir; soit toute autre raison, le mari avait ordonné à Psyché de remettre le message, et avait juré par les serments les plus puissants qu'il tirerait vengeance de ce dernier affront.

Du reste, Psyché était sortie de la maison de Bibulus enveloppée d'un long voile, et avait gagné l'hôtellerie où Asclyte était logé avec son maître. Elle l'avait fait appeler et lui avait demandé s'il voulait consentir à accorder un moment d'entretien à une femme qui s'était éprise de ses charmes.

La manière dont ce message fut apporté et fut accueilli mérite qu'on la rapporte. Elle est une preuve que toute dissolution arrive aux mêmes résultats : et ce n'est pas sans quelque étonnement qu'on retrouve les mœurs de notre dix-huitième siècle, dans ces temps de débauche, et jusque dans leurs plus fines nuances.

— Quelle est cette femme, dit Asclyte, qui ne craint pas de faire de pareilles propositions à un gladiateur?

—C'est cette qualité, répondit Psyché, qui fait votre plus grand charme. Il est des femmes d'un goût bizarre et pour qui l'amour n'a de prix qu'autant qu'il s'offre à leurs yeux sous les traits d'un esclave, d'un gladiateur, d'un athlète, d'un mime, ou d'un muletier. Ma maîtresse est de ce nombre, les nobles rangs de l'orchestre n'attirent pas ses regards : c'est des extrémités de l'amphithéâtre ou du fond du cirque que part le trait qui l'enflamme.

— C'est donc de la femme d'un artisan ou de toi-même que tu parles, répondit Asclyte.

— De moi, dit Psyché avec mépris; tu te

trompes, il me faut de plus illustres amours, je ne veux pas d'un amant qui pourrait un jour porter sur la croix le souvenir de mes faveurs. Ce goût ne convient qu'aux nobles patriciennes. Sans doute il réveille le dégoût de leur amour usé; mais j'ignore quel bonheur elles trouvent à livrer leurs charmes au vil gladiateur dont les bras gardent encore le stigmate du fouet. Pour me plaire il faut porter au moins le noble anneau des chevaliers.

— Je le crois, dit Asclyte, car il est d'or.

— Ah! reprit Psyché, sans répondre à cette épigramme; j'avais oublié de te dire que voici une bourse qui accompagne mon message.

— A quelle heure dois-je partir, et où faut-il que j'aille?

— A la troisième heure de la nuit tu seras aux environs du temple de Diane; j'y serai, et je te servirai de guide.

Il n'y avait qu'un moment que Psyché venait de quitter Asclyte, lorsqu'on vint avertir le gladiateur qu'un vieillard le demandait. Celui-ci, l'ayant emmené dans l'endroit le plus secret de la maison, se découvrit la tête, qu'il avait tenue couverte jusque-là d'un pan de son pallium qui dérobait à tous les yeux les traits de son visage.

A l'aspect de cet homme, Asclyte fut violemment troublé, et le vieillard lui dit :

—Ta pâleur me dit que tu me reconnais; mais elle me fait craindre que je ne retrouve plus Asclyte tel que je l'ai quitté, indigné du métier infâme où l'a réduit son esclavage et prêt à tout entreprendre pour s'en affranchir.

Asclyte baissa la tête, et une vive rougeur succéda sur son visage à la pâleur qui s'y était d'abord répandue.

—Vindex, répondit-il, lorsque tu m'as rencontré à Toulouse au moment où je venais d'être fait captif dans les Pyrénées, j'étais encore plein du désir de cette liberté sauvage qui nous y accompagnait. L'idée d'obéir à un maître me révoltait parce que j'ignorais ce qu'était l'esclavage. Toi-même tu m'en as fait alors une peinture odieuse; et je t'ai promis tout ce que tu voulais, parce que je te croyais. Mais les malheurs dont tu me menaçais ne sont point venus. Mon maître me nourrit abondamment, je suis logé dans les meilleures hôtelleries des villes où nous allons, quelquefois dans les palais des particuliers qui donnent des jeux au peuple. Je suis vêtu avec magnificence, des plaisirs de toutes sortes nous accompagnent; nous sommes l'objet du désir des plus nobles patriciennes, et c'est à nous qu'elles réservent leurs applaudissements le jour, et leur amour la nuit. Pour tout cela je combats dans le cirque, moins souvent et avec moins de danger que je ne le faisais pour avoir dans mes montagnes un pain misérable et un asile dans quelque caverne humide.

Vindex regarda Asclyte avec tristesse, et reconnut que le jeune homme vaillant et fier, qu'il avait quitté à Toulouse, s'était laissé corrompre à son esclavage, comme une jeune fille, d'abord pudique, se laisser aller à la prostitution; car la prostitution donnait alors, comme aujourd'hui, ce que la vertu ne donne pas. Le vieillard comprit que ce n'était plus avec les sentiments généreux d'autrefois qu'il obtiendrait ce qu'il voulait de cet homme, mais, comme en il avait besoin, il se conforma à ses nouveaux désirs, et lui répondit :

— Tu as raison, Asclyte; tous ces avantages sont dignes d'être considérés ; mais tu ne les possèdes que d'une manière bien précaire. Ils sont à la merci du pouce d'une femme, et si aujourd'hui même je n'en avais excité une à demander ta vie, tu ne te réjouirais pas à l'heure qu'il est du sort que tu as.

— Je le sais, dit Asclyte, et je t'ai reconnu quand tu as parlé. Bien que ta voix n'ait été entendue que de peu de personnes, elle est venue jusqu'à moi au milieu du cirque, tant celui qui attend la mort sous le glaive saisit avec avidité le moindre murmure qui lui apporte une espérance. Enfin je suis encore prêt à t'obéir, si ce n'est avec la même foi, ce sera avec le même empressement.

Vindex ne crut pas devoir se fier à ce mouvement de générosité que la moindre circonstance pouvait arrêter, et il s'empressa de répondre :

— Je suis sûr de te retrouver digne de l'estime que j'avais conçue pour toi ; aussi ce n'est pas pour te rendre à ta misère que je viens te demander de servir nos projets : c'est pour t'assurer dans la liberté ces biens, si doux qu'ils te font même chérir l'esclavage. Crois-tu, Asclyte, que ceux qui nous auront servi à renverser la tyrannie seront oubliés par nous : ce serait nous faire injure. Une riche part de la dépouille de Néron et de ses favoris sera leur récompense. N'es-tu pas jaloux de posséder les riches habits que tu portes, de commander dans la maison où tu entres la nuit furtivement et comme un voleur, et d'envoyer d'amoureux messages à qui tu voudras au lieu d'en recevoir de tu ne sais qui ?

Asclyte sourit à ces paroles et répondit à voix basse :

— Et à quand l'exécution de tes projets?

— A cette nuit, à la sixième heure. Il y a une fête splendide dans le palais du duumvir ; tu t'y introduiras, accompagné de tous tes camarades. L'ivresse aura eu le temps de passer des maîtres aux esclaves ; enchaînez ceux-ci et emparez-vous des autres. Une fois Bibulus et Martius en votre pouvoir je me charge du reste.

— Mais il y a une légion entière aux portes de Nîmes; et à peine puis-je répondre de deux cents hommes.

— Je saurai paralyser l'effort de cette légion.

— Faut-il donc égorger Faustus dans le festin ?

— Garde-toi bien de le toucher, s'il s'y trouvait, et laisse-le libre.

— Est-il donc gagné à ta cause?

— Il sera gagné, je te le jure, à l'heure convenue.

— En ce cas, rien ne peut trahir notre succès.

— Rien que ta négligence, Asclyte. Ne tarde pas surtout. Tu sais que c'est pour avoir dormi trop tard que les conjurés qui devaient surprendre Auguste au Capitole ne l'y trouvèrent plus.

— J'ai de quoi me tenir éveillé d'ici là, répondit Asclyte.

— Que veux-tu donc faire ?

— Peut-être choisir la maison dont je veux devenir le maître.

Après ces paroles ils se séparèrent, et Vindex reprit le chemin de l'hôtellerie où il était descendu.

IV.

Cependant l'heure du festin qui devait avoir lieu chez Bibulus était près d'arriver, Eumolpe priait Cnéius de partir, en lui offrant de l'accompagner, et celui-ci s'étonnait de son empressement à aller recevoir les coups de bâton qu'il avait gagnés de la magnificence du duumvir. Mais Eumolpe, dont la tristesse avait disparu comme par enchantement, répondait aux observations de Cnéius par les préceptes de la plus sévère philosophie et lui disait : que l'homme juste ne devait pas se désoler des malheurs qui lui advenaient, que les plus cruelles tribulations ne servaient qu'à montrer la grandeur de son âme, et que la douleur physique devait être considérée comme un bien petit mal, si même elle existait; car il est facile de prouver qu'elle n'existe pas, ajoutait Eumolpe d'un air dégagé. Cnéius, tout en marchant vers le palais du duumvir, admirait la résignation d'Eumolpe. Elle lui donnait même du poëte une idée beaucoup plus favorable que celle qu'il en avait conçue depuis le peu de temps qu'il le connaissait.

En approchant du palais de Bibulus, ils remarquèrent qu'il était précédé de grands espaces de terrain séparés par des barrières et dont le sol était uni et battu avec le plus grand soin; ces terrains étaient occupés par une grande quantité de joueurs qui prenaient l'exercice de la paume. Dans ceci comme dans tout ce que faisait le duumvir le luxe était poussé à l'excès. Ainsi on voyait de toutes parts des esclaves ramasser les balles qui avaient touché la terre et qui, n'étant plus jugées dignes de servir aux joueurs, étaient immédiatement remplacées par de nouvelles que d'autres esclaves portaient dans des corbeilles.

Eumolpe appelait l'attention de Cnéius sur les joueurs et lui faisait remarquer leur adresse. Le poëte s'extasiait à ce point sur ce jeu auquel il engageait vivement Cnéius à prendre part, que celui-ci remarqua l'excès ridicule de ses instances; il pensa d'abord qu'Eumolpe voulait l'arrêter à cet endroit pour qu'il ne fût pas témoin de l'affront qui l'attendait à la porte du palais. Dans cette supposition Cnéius voulut lui épargner cette honte, et regardant les joueurs, il fit semblant d'être captivé par la curiosité. A peine avait-il détourné la tête qu'Eumolpe s'éloigna, mais avec une telle rapidité que Cnéius ne put s'empêcher de le suivre du regard; cet empressement même lui devint suspect, et, par une pensée soudaine, Cnéius chercha sa tablette qu'il avait mise dans sa tunique, et qui portait une invitation à souper chez Bibulus, et reconnut qu'Eumolpe s'en était emparé, et lui avait substitué la sienne. Aussitôt Cnéius s'élança avec rapidité à la suite d'Eumolpe, et, l'atteignant au moment où il montrait son invitation au portier, il la lui arracha des mains. Eumolpe, voulut disputer; et Cnéius lui ayant fait de vifs reproches de sa trahison, le poëte prit tous les dieux à témoin que ce jeune homme était un imposteur, sans nom, sans famille, à qui il avait offert un asile, et qui l'en récompensait en voulant lui enlever l'honneur de souper avec le divin Bibulus. Cette discussion avait appelé une partie des joueurs et l'on riait des efforts de chacun des deux adversaires qui voulait garder pour lui le souper et laisser à l'autre les coups de bâton.

La vieillesse est une sainte chose, d'une autre part la jeunesse et la beauté sont un grand pouvoir. Mais la vieillesse ridiculement portée est trop facilement un objet de risée, et la jeunesse hautaine impose et intéresse à la fois.

Le choix de la foule était fait et chacun criait qu'il fallait bâtonner le poëte et laisser entrer le jeune homme, lorsque Bibulus, attiré par ce bruit, parut lui-même à la porte de son palais; il s'informa de ce qui s'était passé et ordonna gravement aux deux prétendants de plaider leur cause ; il fit mettre un esclave à genoux, appuyé sur les mains, et, s'asseyant sur son dos, il se posa comme au tribunal pour écouter les orateurs. Ce singulier débat avait amassé un grande foule, et déjà les uns avaient pris parti pour Eumolpe et les autres pour Cnéius, lorsque Bibulus annonça qu'il allait prononcer la sentence.

Elle devait être selon les passions d'un homme comme Bibulus. Un misérable bouffon lui devait paraître préférable à un jeune et noble patricien. Bibulus espérait tirer plus d'amusement du poëte ridicule que du jeune homme sincère, et il déclara qu'il ne pouvait reconnaître d'autre légitime propriétaire de l'invitation que celui qui l'avait dans les mains, et que c'était à celui qui se présentait avec l'invitation qu'en appartenait le bénéfice. Eumolpe triompha, mais Cnéius ne se laissa point abattre par cette décision, et s'avançant vers le portier il lui dit avec hauteur :

— Esclave, tu as entendu la décision de ton maître, c'est celui qui a dans les mains son invitation qui en est le légitime propriétaire; je viens de l'arracher par la force à cet homme qui me l'avait prise par la ruse, laisse-moi don c passer.

La foule applaudit à ce trait de présence d'esprit : Bibulus en parut dépité, et s'écria sur-le-champ :

— Ma décision est juste et je la maintiens ; chaque lot promis sera payé à celui qui est le porteur du titre, et comme ce jeune homme tient à la fois l'invitation et la promesse des vingt coups de bâton, il profitera de toutes deux, les coups de bâton d'abord, et le souper après. Allons, dépêchez, car je vois mes convives qui approchent.

Aussitôt Bibulus s'éloigna sans vouloir entendre les réclamations de Cnéius.

Des esclaves s'emparèrent du jeune homme, et, comme il faisait une vive résistance, ils le terrassèrent et le lièrent par les mains à un des poteaux qui servaient de limite au jeu de paume, et, ayant dépouillé Cnéius jusqu'à la ceinture, ils commencèrent à le frapper.

Pendant ce temps-là, les convives de Bibulus

étaient arrivés et la plupart étaient passés sans qu'aucun d'eux s'informât du tumulte qui avait lieu en cet endroit.

On avait remarqué toutefois que Cnéius après avoir employé tout ce qu'il avait de forces et de cris pour échapper aux esclaves avait soudainement paru changer de résolution, et qu'il avait supporté la fin de son supplice avec une résignation remarquable. La fureur du jeune homme avait excité celle des esclaves, et son calme soudain ne la diminua pas. Ces misérables, accoutumés à de pareils traitements, s'imaginaient que Cnéius les recevait avec la même indifférence qu'eux. Mais quelques graves citoyens qui s'étaient trouvés mêlés à cette foule ne purent s'empêcher de tirer un fâcheux augure de ce sombre silence, et l'un d'eux s'écria :

— Je ne voudrais pas être l'hôte qui donnera à souper ce soir à ce jeune homme.

Comme le supplice de Cnéius était près de finir il se fit un grand mouvement dans la foule, et l'on se précipita vers le bord de la voie qui menait au palais.

— Quel luxe! quel éclat! quelle pompe! s'écriait-on avec envie.

En effet c'était un cortége pompeux qui s'avançait.

— Voyez! disait-on de tous côtés, voyez! cette litière magnifique, elle n'est point fermée de rideaux, mais elle a des portières d'une pierre si transparente qu'elles laissent passer la lumière; voilà jusqu'à huit esclaves qui la précèdent et un pareil nombre qui la suit; tous sont à cheval, et, quoique la nuit ne soit pas venue, ils portent des torches allumées, comme si le jour qui éclaire le peuple était indigne d'éclairer une patricienne, car cette litière et ces esclaves sont ceux de Silia.

— Silia! s'écria Cnéius d'une voix retentissante; citoyens, écartez-vous, je vous prie, que je voie le cortége de Silia et sa magnificence tandis qu'elle se rend à l'invitation de Bibulus.

Ces paroles furent prononcées avec un tel accent de commandement, que chacun obéit sans réflexion, et qu'au moment où Silia passa devant le poteau où son fils était attaché, personne ne se trouva entre elle et lui. En même temps que la foule s'était écartée, un profond silence s'était fait autour de la litière et du poteau, chacun attendant que Cnéius jetât quelque amère parole à la noble dame. Mais personne ne comprit ce que le jeune étranger voulait dire lorsqu'il s'écria :

— Silia! Silia! pourquoi ta porte était-elle fermée ce matin?

Silia, fort occupée à écouter les paroles d'un jeune patricien qui marchait à côté de sa litière, leva à peine les yeux en entendant prononcer son nom, et passa sans demander quel était ce jeune homme ainsi flagellé, et sans chercher à s'expliquer le sens des paroles qu'elle avait entendues.

Cependant on avait détaché Cnéius, et les esclaves qui lui avaient infligé son supplice le raillaient en lui témoignant leur respect, et en l'invitant à entrer dans la maison de leur maître.

— Ne craignez pas que j'y manque, répondit Cnéius; marchez devant moi, je vous suis.

Et tout aussitôt il entra dans le palais, sur la porte duquel était écrite cette inscription :

« Tout esclave qui sortira sans permission recevra cent coups de fouet. »

Un esclave habillé de vert et portant une ceinture écarlate était commis à la garde de cette porte, et épluchait des pois dans un bassin d'argent. Une pie, enfermée dans une cage dorée, était à côté de lui, et saluait au nom de son maître tous ceux qui entraient. On remarqua que son éternel babil cessa au moment où Cnéius passa devant elle, et chacun se dit en se retirant :

— Assurément, il y aura un malheur ce soir dans la maison du duumvir.

Nous quitterons un moment Cnéius, qui entra rapidement jusqu'au fond du palais où il disparut à tous les regards, pour suivre les invités qui erraient dans les appartements en attendant l'apparition de Bibulus. Des esclaves les promenaient de toutes parts, et étaient chargés de leur faire remarquer la splendeur et le nombre des merveilles enfermées dans cette enceinte. Dans l'atrium c'étaient les murs couverts de peintures, qui presque toutes représentaient des sujets tirés de la vie du maître de la maison : ici un combat où il s'était trouvé, plus loin, la première cause qu'il avait plaidée au forum; ailleurs, son élection à la magistrature; de pompeuses inscriptions expliquaient ces peintures; on en voyait de plus magnifiques encore sous le portique et représentant la plupart des sujets tirés de l'*Odyssée* et de l'*Iliade*. D'autres offraient l'image de sacrifices et de jeux. Deux tableaux étaient placés à droite et à gauche de la porte d'entrée du tryclinium, l'un représentant le cours de lune et la marche des planètes, et l'autre tous les jours de l'année distingués par des points blancs ou des points noirs, selon qu'ils étaient heureux ou malheureux. Le luxe de Bibulus resplendissait de toutes parts : aux murs des portiques étaient suspendus des faisceaux d'armes éclatantes, et dans un angle on voyait une vaste armoire d'ébène où étaient exposés les lares protecteurs de sa famille, en argent, une petite statue de verre, et un coffre incrusté de métaux précieux qui renfermait la première barbe du duumvir. Des lustres pendus à la voûte éclairaient le portique sous lequel tous les invités finirent par se réunir. Une robe de pourpre et deux deniers d'or furent offerts à chacun d'eux, et un esclave s'étant mis à la tête du groupe donna le signal de l'entrée en criant :

— Du pied droit !

On entra ainsi dans la salle du festin, et le trycliniarche conduisit chacun des convives au lit qu'il devait occuper. Dès que tous furent placés, des esclaves égyptiens s'approchèrent et versèrent de l'eau de neige sur les mains des invités, et furent ensuite remplacés par des pédicures qui lavèrent leurs pieds et en détachèrent les cors et les durillons d'une manière admirable.

Tout le monde était à table ; Bibulus seul était absent ainsi que Fortunata et Silia. Quelqu'un se penchant alors à l'oreille de Faustus, lui dit :

— Bibulus usurpe le privilége des belles femmes, celui de se faire attendre.

— Mais il ne leur a pas encore pris celui de se faire désirer, répondit Faustus.

Bibulus entra presque aussitôt, et s'excusa

d'avoir manqué à la politesse; il raconta comment il avait été retenu par une partie d'échecs dans laquelle il avait été vaincu par Silia; et, comme chez Bibulus l'ostentation de ce qu'il possédait et de ce qu'il faisait était le premier besoin, il fallut qu'il expliquât à l'assemblée le coup qui l'avait fait perdre; on apporta le damier de bois de térébinthe, dont les cases étaient d'ivoire et de cristal, et dont les pièces, au lieu d'être de bois comme d'ordinaire, étaient de l'argent et de l'or le plus pur magnifiquement sculpté.

Bientôt cependant, sur un signe de Bibulus, on servit l'entrée qui parut splendide: au centre était un petit éléphant en bronze doré; sur ses flancs étaient suspendus deux bassins, rempli d'olives blanches, et l'un l'autre d'olives noires; sur son dos était une tour à plusieurs étages, et à chaque étage un plat où étaient divers mets. Chaque plat portait, gravé sur le bord, son poids et le nom de Bibulus son propriétaire. Tout autour, des bassins, élevés sur des autels, sur des ponts, sur des pyramides, renfermaient des loirs nageant dans le miel et dans le jus de pavots, et des prunes de Syrie avec des grains de grenade. On apporta ensuite un plat immense sur lequel était posée une poule qui semblait couver ses œufs, et d'une imitation si parfaite qu'elle trompa les yeux mal exercés à ces surprises. Ce n'étaient point des œufs de poule, mais des œufs de paon qu'elle cachait sous ses ailes, et les esclaves les distribuèrent aux convives.

— Prenez garde, dit Bibulus, je ne vous réponds point de la qualité de ces œufs. J'ai été forcé de vous servir ce que mon intendant a pu se procurer, et je crains que vous n'y trouviez quelque jeune paon près d'éclore.

Les œufs furent brisés, et chacun d'eux contenait véritablement un becfigue enseveli dans des jaunes d'œufs et des champignons.

Ce premier service avait été à peine posé sur la table, que Bibulus fit un signe, un orchestre invisible se fit entendre, et les esclaves enlevèrent les mets. Dans ce tumulte, l'un d'eux ayant laissé tomber un plat d'argent voulut le ramasser.

— Jetez cela aux ordures, dit Bibulus.

Et le plat fut balayé.

Bientôt des esclaves éthiopiens parurent, portant des outres semblables à celles avec lesquelles on arrose le bord des théâtres, et ils versèrent de nouveau l'eau qu'elles contenaient sur les mains des convives, mais cette fois c'était une eau parfumée de roses et d'encens, et qui embauma l'air.

Après eux, les esclaves du cellier présentèrent du vin dans des bouteilles de verre bouchées avec soin, et portant au cou des petits écritaux avec cette inscription : *Falerne du consulat d'Opimius.*

Tandis qu'on le servait avec profusion, un esclave apporta un squelette d'argent qu'il posa sur la table, et qui, mu par des ressorts secrets, en fit le tour et excita l'admiration générale.

Cependant Faustus, placé à une des extrémités de la salle, cherchait les regards de Silia, que toutes les attentions de Bibulus ne pouvaient arracher à sa tristesse.

Bibulus voulant la distraire, demanda pourquoi il manquait un convive à la table, et raconta, le plus plaisamment qu'il put, l'aventure du jeune homme qui avait reçu les coups de verges. Ce récit rappela à Silia les paroles qui lui avaient été dites : elle s'informa de l'âge du jeune homme, et surtout de la tournure de celui qui lui avait disputé la place, mais les riches habits qu'Eumolpe avait pris chez Faustus empêchèrent Silia de supposer que ce fût le misérable poëte qui s'était présenté chez elle, mais Faustus le reconnut pour l'hôte à qui il avait donné asile, et s'informa aussi de Cnéius : un esclave répondit qu'on l'avait vu entrer au palais, mais que sans doute il était ressorti, car on ne savait ce qu'il était devenu.

— Eh bien ! s'écria Bibulus, qu'on le cherche dans la ville et qu'on nous l'amène; vous lui direz que Silia l'a demandé.

— Non, dit vivement celle-ci, c'est inutile; j'en parlais par curiosité, voilà tout.

— Qu'on nous serve donc, reprit le duumvir; nous attendons comme dans une hôtellerie gauloise.

Aussitôt, on vit paraître un nouveau service : si sa magnificence ne répondit pas à l'attente générale, il n'en surprit pas moins par sa singularité : c'était un globe immense, entouré d'une espèce de tablette, sur laquelle étaient représentés les douze signes du zodiaque, chacun portant un plat de la saison qu'il marquait. On voyait des pois sur le bélier, un jarret de bœuf sur le taureau, des rognons sur les gémeaux, une couronne sur l'écrevisse, des figues d'Afrique sur le lion, la fressure d'une génisse sur la vierge, des gâteaux dans les plateaux de la balance, enfin, sur le scorpion, sur le sagittaire, sur le verseau, sur les poissons, on avait placé un turbot, un lièvre, une langouste, une oie et des surmulets ; au sommet était un gazon artificiel, sur lequel était posé un rayon de miel ; pendant qu'on plaçait ce vaste édifice, un esclave distribuait le pain dans une corbeille d'argent. Chacun admirait la disposition des mets plutôt que leur qualité, et, Bibulus, s'en étant aperçu, dit à haute voix :

— Les mines d'or sont au centre de la terre, et les bons mets doivent s'y trouver.

Aussitôt, on enleva la partie supérieure du

globe, et l'on vit qu'il renfermait les ragoûts les plus exquis, le gibier et les poissons les plus délicats. Aux quatre coins, des satyres en or, portant des outres, versaient incessamment, à chaque convive qui présentait son assiette, une sauce différente mais délicieuse.

On se remit à manger, et Bibulus reprit la parole.

— Assurément, la machine que j'ai fait exécuter, portait extérieurement des mets sans valeur, mais elle en renfermait de précieux dans son sein. C'est une leçon que j'ai voulu donner à ceux qui jugent sur les dehors. Chacun y trouvera aussi, selon l'époque où il est né, l'horoscope de son caractère; car, vous le savez, chaque signe emporte avec lui des qualités différentes. Ainsi, celui qui est né sous le bélier a le caractère indomptable, le génie mordant et satirique, un goût déterminé pour les querelles de l'école et du barreau. Le taureau, au contraire, condamne ceux qui naissent sous son signe, aux rudes travaux de la campagne, et leur esprit est aussi épais que le fanon de cet animal. Les tendres gémeaux font

les saintes amitiés et les amours éternels.
Quant à l'écrevisse, qui est une constellation,
elle règne également sur la terre et sur l'onde;
C'est ainsi qu'elle m'a prédit ma puissance, et
c'est pour cela que je l'ai coiffée d'une couronne.
Les enfants du lion sont des mangeurs insatiables, ils ne respirent que les armes, et brûlent
de la soif de commander. Sous la vierge, naissent les femmes prudes, les hommes timides,
toujours prêts à fuir et à recevoir des fers. Sous
la balance, les gens d'affaire et les usuriers.
Sous le scorpion, les empoisonneurs et les assassins: Sous le sagittaire, les fripons qui vous dépouillent d'une main en vous saluant de l'autre.
Sous le capricorne, les porte-faix et tous ceux
dont la peau s'endurcit aux pénibles labeurs.
Sous le verseau, les cabaretiers et les ivrognes.
Enfin, sous les poissons, les cuisiniers et les
rhéteurs. Que chacun de vous choisisse donc
un rôle selon le signe où il est né, et qu'il
parle dans ce sens. C'est un jeu fort agréable
par le piquant des contrastes, et que j'ai vu
pratiquer à la cour de Néron, où Sénèque fut
obligé de s'enivrer, et où, Flavia la belle Ro-

maine, fut charmante en parlant le langage des voleurs.

Quelque extraordinaire que fût cette proposition, on s'y prêta de bonne grâce, et chacun tint des discours analogues au caractère qu'il devait avoir.

Bientôt Bibulus se leva, et chacun l'ayant imité, les lits furent couverts en un instant de nouveaux tapis qui représentaient des sujets de chasse brodés en soie sur des fonds de laine. Chacun cherchait à deviner à quoi tendait ce nouvel appareil, quand tout à coup les portes s'ouvrent avec fracas au bruit du cor, et on apporte un énorme sanglier de Laconie, sur un vaste plateau de vermeil. La hure était coiffée d'un bonnet d'affranchi, et ses défenses portaient deux corbeilles tissues de branches de palmier remplies, l'une, de dattes de la Judée, l'autre, de dattes de la Thébaïde; une quantité de marcassins en pâte cuite entouraient le monstrueux animal; ils étaient en nombre égal à ceux des convives, et chacun en eut un pour sa part. Chacun renfermait un présent que l'élégance de Bibulus avait approprié au caractère de celui à qui il était affecté ; un seul restait, c'était celui qui était destiné au convive qui n'était pas venu.

— Ma foi, dit Bibulus, j'ai laissé à mon cuisinier le choix de ce présent, voyons s'il a été ingénieux.

Il brisa la pâte, et découvrit un poignard magnifique. Ce présage étonna quelques personnes, et fit pâlir Silia.

— Le présage est juste, s'écria Bibulus ; il y a beaucoup des gens qui voudraient ma mort, mais il n'y a personne pour prendre le poignard.

Et il le jeta avec dédain loin de lui.

— Allons, allons ! cria-t-il, en frappant ses mains l'une contre l'autre, du vin, et qu'on voie si cet animal a été cuit à point.

A ces mots, un esclave en costume de chasseur, frappa l'animal et l'ouvrit dans toute sa longueur avec son large couteau, et il s'en échappa des grives vivantes qui furent saisies à l'instant par les esclaves et qui furent préparées et servies en moins d'une minute. Cependant au milieu de la gaîté qu'excitaient à chaque instant ces surprises, quelqu'un demanda ce que signifiait ce bonnet d'affranchi posé sur la hure du sanglier.

— Hier, dit Bibulus, j'ai fait servir ce sanglier, personne n'y a touché. Je l'ai renvoyé : c'était lui rendre sa liberté, et je l'ai coiffé de ce bonnet.

— Mais aujourd'hui? s'écria-t-on.

— Vous avez raison, s'écria-t-il, il ne lui convient plus, à qui le donnerai-je ?

Et, se retournant, il vit un jeune esclave qui faisait le tour de la table avec des raisins. Bibulus l'arrêta, et lui dit :

— Va, je t'affranchis.

L'esclave tomba à ses genoux.

— Quel est ton nom?

— Bacchus.

— Je suis plus puissant que je ne croyais, s'écria joyeusement Bibulus, je viens d'affranchir un dieu.

On applaudit au bon mot ; mais beaucoup pensèrent qu'il avait été préparé entre l'esclave et le maître.

Le bruit augmentait de moment en moment, et la gaîté dominait les plus sévères. Silia, malgré sa tristesse, se laissait gagner à cette nouvelle joie et écoutait en souriant les mille propos que lui disait Bibulus. Cependant Faustus les observait, et le duumvir, voulant détourner son attention sur des objets nouveaux, ordonna qu'on apportât un nouveau service. Ce repas devait être un enchaînement de surprises.

A peine le maître a-t-il fait un signe, que l'on voit arriver trois cochons, blancs comme la neige, menés en laisse par des esclaves. Ces animaux portaient des sonnettes à leur cou et faisaient un bruit insupportable.

— Lequel vous semble le meilleur? dit Bibulus, on va vous le servir à l'instant. Si le cuisinier de Martius fait cuire un faisan dans un quart d'heure, je veux que le mien cuise un cochon en moins de temps. Qu'on fasse venir le cuisinier.

Celui-ci paraît, et son maître lui dit :

— Quelle est ta décurie ?

— Je suis de la cinquantième.

— Es-tu né chez moi, ou t'a-t-on acheté ?

— Ni l'un ni l'autre. Je fais partie du legs que vous a fait Pansa.

— Eh bien ! je te donne un moment pour égorger et cuire cet animal ; si tu tardes, tu recevras cent coups de fouet.

L'esclave s'enfuit aussitôt en entraînant cette partie vivante du souper, et Bibulus, satisfait de montrer, par la réponse du cuisinier, qu'il avait dans sa maison plus de six cents esclaves, se mit à proposer des vins de toutes sortes, ceux-ci venant de Terracine, ceux-là de Tarente, d'autres de Grèce, quelques autres de Rivesaltes. Il essaya aussi d'exciter la conversation en attaquant chacun à son tour.

— Allons, Publius, tu as l'air de mourir de froid comme à l'ordinaire ; bois, le vin est la meilleure fourrure. Est-ce la mort de ta femme qui te trouble encore : pauvre mari qui pleures sur sa tombe, tandis qu'elle aurait donné rendez-vous à un amant sur la tienne ! ne connais-tu pas l'histoire de la matronne d'Ephese.

Et toi, Martius, qu'as-tu donc ? est-ce que tu t'aperçois que la famine soit à nos portes ? Ce souci qui ne te tourmente guère dans les fonctions de ta charge ; te poursuit-il parmi nous, ou bien es-tu jaloux de la gloire de Safinius!

Ah! c'était un édile celui-là! Les campagnes, il est vrai, mouraient de faim; mais les greniers de la ville étaient toujours pleins. Deux hommes n'auraient pas mangé le pain qu'on avait alors pour un sou, et aujourd'hui il en coûterait le double pour le déjeuner d'un enfant. Que t'importe que le peuple meure de faim, quand nous sommes dans l'abondance. Ma salive dût-elle fertiliser les champs, je ne prendrais pas la peine d'y cracher.

— Cela m'occupe peu, dit Martius, mais je regrette le temps ou j'étais magistrat à Marseille: c'était un autre luxe et une meilleure vie que celle de Nîmes. Tu nous donnes des combats de gladiateurs, mais j'ai donné, moi, des combats d'affranchis.

— Oui, je sais, répliqua Bibulus, que tu as fait cette folie. Je sais que t'on épouse a paru dans la carrière, vêtue comme Pallas, et menant un char de bataille attelé de chevaux numides; et je sais que pour te payer de tes complaisances, tu l'as surprise dans les bras de ton trésorier.

— Et j'ai égorgé l'esclave! s'écria Martius.

— Bien, reprit Bibulus en riant, tu as tué l'esclave et tu as eu peur de toucher à ton épouse : c'est qu'elle est une femme terrible et qui t'aurait fait payer cher la moindre injure. L'esclave n'avait fait qu'obéir et il a été puni; mais qui n'ose battre l'âne frappe sur le panier.

On rit de la figure de Martius, qui ne sut répliquer; mais Silia ne laissa point échapper l'occasion et reprit :

— C'est l'histoire de l'âne en effet; mais l'histoire de l'âne qui reproche au mulet ses longues oreilles.

Tous les yeux se portèrent vers la place qu'occupait Fortunata, mais elle avait disparu; l'heure de son rendez-vous avec Asclyte était venue. Bibulus l'avait remarqué, mais il n'en avait rien dit, ayant sans doute de bonnes raisons pour cela.

A ce moment, on apporta le fameux animal qui était vivant un instant auparavant, et il se trouva délicieux. Comme le précédent, il était farci des viandes les plus délicates; bientôt après entrèrent les homéristes, qui s'étant rangées autour de la table, chantèrent alternativement les vers de l'Iliade en frappant leurs boucliers et leurs lances en mesure.

C'est à peine si on les écoutait, car les discours des convives, se croisant d'un bout à l'autre de la table, dominaient les voix des chanteurs. L'un racontait les soins qu'il donnait à sa ferme et ses méthodes nouvelles d'engrais; un autre louait le prodigieux esprit de son fils, qui n'avait pas encore huit ans.

— Il est charmant, disait-il, il sait déjà quatre oraisons, et les déclame à ravir. Vous le verrez, il vous aimera de tout son cœur. Il se livre à tout ce qu'il entreprend avec une ardeur qui me fait craindre pour ses jours; quand il étudie on ne peut l'arracher à ses livres. Il avait trois chardonnerets qui faisaient ses délices, mais je les ai fait tuer; il se desséchait la poitrine à leur apprendre à siffler. D'autres fois il est un d'une espiéglerie indomptable, il chasse les papillons toute la journée...

A celui qui s'extasiait sur son fils, un autre succédait racontant l'histoire de son cheval; un autre parlait ensuite de ses voyages, un mari des tourments qu'il avait essuyés; un orateur du dernier procès qu'il avait plaidé : celui-ci était le plus redoutable bavard de l'assemblée; aussi dès que Bibulus l'entendit commencer son récit, il lui coupa la parole.

— Un pauvre, disait l'avocat, avait pour ennemi un homme puissamment riche.

— Qu'est-ce que c'est qu'un pauvre? s'écria Bibulus.

L'orateur lui répondit brutalement :

— Un pauvre est un homme qui ne possède rien.

— Alors il n'y a pas eu de procès. S'il n'a rien, il n'a pu plaider pour rien. Tu es ivre, et tu nous contes des folies.

A peine Bibulus avait il prononcé ce mot sans appel, que le plancher supérieur vient à craquer avec effort. Chacun recule épouvanté mais Bibulus calme la frayeur générale; le plancher s'entr'ouvre et laisse voir un cercle immense qui se détache du faîte, s'abaisse insensiblement et s'arrête au-dessus de la table. On admire les couronnes qui le chargent, et des esclaves les posent sur la tête des convives. Des vases pleins de parfums placés sur ce cercle embaument l'appartement, et des corbeilles remplies de pâtisseries délicieuses en occupent le centre.

Ce dernier service paraît si surprenant que les applaudissements éclatent de tous côtés, et chacun félicite Bibulus sur son bon goût et sa magnificence. Silia elle-même ne pouvait résister à l'enthousiasme général, elle dit à Bibulus les mots les plus flatteurs; la gaîté et le délire sont à leur comble, lorsque tout à coup Bibulus, reprenant la parole, s'écrie :

— Tout à l'heure, Martius, je te reprochais d'avoir puni l'esclave que ta femme avait séduit et de n'avoir pas osé sévir contre celle-ci. En même temps on m'a reproché ce que je te reprochais, et Silia aurait raison si je tardais plus long-temps à faire ce qui est mon devoir. Mais je ne veux point agir comme toi, Martius, qui as été obligé de corrompre les juges de ton trésorier, faute de preuves; s'il me prend envie d'accuser Fortunata, ce sera lorsque je n'aurai rien à craindre de ses dénégations et que je pourrai la faire condamner en invoquant le témoignage de citoyens libres et non pas celui d'esclaves achetés. Suivez-moi donc, et apprêtez-vous à rendre témoignage en justice de tout ce que vous allez voir.

Ce discours prononcé d'une voix sombre, au milieu de la joie des festins, surprit tous les convives, et Bibulus s'étant armé d'un flambeau marcha en avant.

Ce mouvement ne fut pas si rapide qu'un esclave placé derrière Bibulus n'eût le temps de s'échapper et de gagner l'appartement de Fortunata. L'avertissement qu'elle reçut la foudroya, et Asclyte en apprenant le nom de la femme avec laquelle il se trouvait parut frappé non-seulement d'une profonde terreur, mais d'un violent désespoir. Cependant on entendait déjà les pas de Bibulus et des convives qui approchaient. Asclyte veut s'élancer hors de l'appartement en prenant le chemin qui l'y avait conduit; mais dans son trouble il ne peut ouvrir l'issue secrète par où il avait passé, et après avoir fait de vains efforts il s'élance vers une porte apparente et qui conduisait dans l'intérieur du palais; deux esclaves placés à cette issue par ordre de Bibulus l'arrêtent. Fortunata, frappée d'une soudaine inspiration, leur crie avec fermeté :

— Saisissez le coupable et ramenez-le devant moi. Avant qu'ils ne reparaissent, dit-elle ensuite à l'esclave qui était venue l'avertir, fuis, et laisse-moi seule.

Elle demeure en effet dans sa chambre, assise fièrement sur un siége, tandis que d'une part Asclyte est ramené par ceux qui l'ont arrêté, et que de l'autre Bibulus et ses convives approchent de la chambre.

— Enchaînez cet homme sur le lit, s'écrie Fortunata aux esclaves qui tiennent Asclyte ; il y va de votre vie s'il s'échappe.

A peine cet ordre est-il exécuté que Bibulus entre et les convives après lui.

— Voyez, s'écrie le duumvir, nous sommes arrivés à temps, grâce à mes précautions, voici les coupables. C'est sans doute une chose cruelle pour moi que d'être forcé de vous donner ainsi ma honte en spectacle, mais la rigueur des lois m'y a forcé, et je vous appelle tous en témoignage de ce que vous venez de voir.

Fortunata avait écouté ces paroles d'un air de surprise, et presque aussitôt une profonde indignation parut sur son visage; elle se leva et répondit avec une dignité et une assurance qui étonnèrent tout le monde :

—Tu as raison, Bibulus, c'est une cruelle chose pour un homme de donner ainsi sa honte en spectacle; et je n'en éprouve pas moins que toi puisque la honte d'un mari retombe toujours sur son épouse. Tu as adjuré le témoignage de tous ceux qui sont ici; je le réclame à mon tour. Vous avez tous vu aujourd'hui le duumvir Bibulus présider aux jeux du cirque, et vous avez pu juger avec quelle pompe il sait ordonner un festin. Rendez-lui grâce pour ces talents; mais si vous croyez devoir le féliciter de la tranquillité avec laquelle vous jouissez de ces plaisirs, si chacun de vous a l'espérance, grâce aux soins qu'il donne à son gouvernement, de rentrer bientôt paisiblement dans sa demeure, sans rencontrer la révolte nocturne dans la nuit et le pillage dans sa maison; je réclame pour moi l'honneur de ces éloges.

— Que veux-tu dire? répliqua Bibulus que l'assurance de Fortunata avait confondu.

— Je veux dire, répliqua celle-ci, en affectant un air de mépris, que tandis que tu passais tes heures dans l'ivresse et près de la femme à qui tu as sans doute promis le titre que tu veux honteusement m'arracher, moi je veillais à ton salut et au sien peut être. Cet homme que tu as fait surprendre ici comme mon amant y est venu en effet par mon ordre et pour un rendez-vous amoureux; mais ce prétexte n'a été qu'un piége pour obtenir de lui un aveu nécessaire, un aveu pour lequel je lui ai promis la vie s'il consent à le compléter devant vous, car votre arrivée m'a interrompue dans l'interrogatoire que je lui faisais subir. Apprends donc que cette nuit même et au milieu de l'ivresse de ce festin d'où mon absence vous semblait si coupable, ce palais devait être assailli, le duumvir égorgé, les principaux de la cité avec lui, et que la révolte devait s'emparer de la ville.

Chacun recula épouvanté, tant cette nouvelle était extraordinaire.

— Est-il vrai ! s'écria Bibulus.

— Il est vrai, répondit Asclyte, averti par un regard de Fortunata.

— Qu'on soumette cet homme à la torture pour lui faire dire le nom de ses complices.

— Ce sera donc toujours la même ineptie dans ton esprit, Bibulus, s'écria Fortunata, avec emportement. Pourquoi demander à la torture ce que cet homme ne refuse pas de dire de bonne volonté. Je lui ai promis la vie pour ce qu'il m'a dit; je fais plus, je lui promets la liberté pour ce qu'il peut me dire encore. Citoyens magistrats ici présents, venez à mon aide pour empêcher Bibulus de nous perdre par sa rigueur, après nous avoir mis en danger par sa négligence.

— Fortunata a raison, dit Faustus; dans un danger aussi imminent, les moyens les plus prompts sont les plus sûrs. Je m'engage à rendre la liberté à cet homme s'il nous nomme ses complices, et s'il nous dit quelles sont les ressources et les espérances des conjurés.

On approuva les paroles de Faustus, et Fortunata, s'écartant dit au tribun :

— S'il en est ainsi, interrogez-le vous-même.

Faustus s'approcha d'Asclyte et lui dit :

— Quels sont tes complices ?

— Je n'en ai qu'un.

— Son nom ?

— Vindex.

— Vindex, le lieutenant de César dans les Gaules ?

— Lui-même.

— Vindex, ce vénérable vieillard si renommé par ses vertus ?

— Lui-même.

— C'est impossible : où l'as-tu connu ?

— A Toulouse, où il m'a déjà fait promettre de lui prêter l'appui des deux cents gladiateurs que je commande.

— Qui devait pénétrer dans ce palais et y égorger le duumvir et nous tous ?

— Moi et les miens.

— A quelle heure ?

— A la cinquième heure de la nuit.

— Où sont tes camarades ?

— Ils m'attendent.

— Pourquoi donc es-tu venu ici ?

— Parce que, comme te l'a dit Fortunata, j'ai cru aller à un rendez-vous amoureux et que je comptais être de retour près des miens à l'heure convenue.

— Comment Fortunata a-t-elle appris votre complot?

— Je l'ignore. Mais dès que j'ai paru elle m'en a parlé.

— Où est le messager qui t'a transmis l'ordre que tu devais exécuter.

— J'ai reçu cet ordre de Vindex lui-même.

— Il est donc dans cette ville ?

— Il y est.

— Je le savais, dit Fortunata.

Chacun se regarda avec surprise ; mais toutefois Faustus ne semblait pas persuadé, et, après un moment de réflexion, il ajouta:

— Tout cela est impossible. A supposer que Vindex eût un semblable projet, il n'eût pas pensé à l'exécuter avec de si misérables moyens; il n'eût pas oublié que j'étais avec ma légion aux portes de Nîmes. Cet homme nous trompe donc. Ou bien il a d'autres complices, ou bien tout ce que nous venons d'entendre est un mensonge.

— C'est juste ! s'écria Bibulus. Voyons, misérable, qu'as-tu à répondre ?

Asclyte semblait fort embarrassé : il commençait à se troubler, il balbutiait et jurait tous les dieux qu'il avait dit la vérité, lorsqu'un nouveau bruit se fit entendre dans l'escalier et une rapide épouvante s'empara de tous ceux qui étaient présents. On crut un moment que c'étaient les gladiateurs qui envahissaient la maison. Chacun tira son épée et s'apprêta à se défendre. Mais, au lieu des esclaves révoltés qu'on s'attendait à voir paraître, ce furent des licteurs qui entrèrent dans la chambre, précédant un vieillard vêtu de la robe consulaire et portant dans ses mains un rouleau de parchemin. Ce vieillard était Vindex, celui qui avait sauvé Asclyte dans le cirque, et qui véritablement lui avait donné l'ordre d'assaillir la maison du duumvir, ainsi que nous l'avons raconté. S'il parut surpris du spectacle qui s'offrit à lui, et de voir Asclyte dans les mains des esclaves, on ne saurait dire qu'il en fut troublé. Il jeta un regard sévère sur tout le monde, et, s'adressant à Bibulus, qui le considérait avec effroi et qui tenait à la main son épée nue, il lui dit :

— Pourquoi ces armes? est-ce ainsi que tu reçois celui qui t'apporte les ordres de l'empereur? Lorsque je venais chercher l'obéissance, ai-je trouvé la révolte, répondez ?

Cette apparition inattendue frappa tous les esprits et confondit toutes les intelligences. Ce gladiateur, qu'on croyait être un amant et qui se trouve l'agent d'une conspiration ; ce Vindex dénoncé comme le chef de cette conspiration contre l'empereur, et qui arrive au nom de l'empereur. Fallait-il l'arrêter, fallait-il lui obéir ? voilà ce que se demandait Bibulus, et son regard incertain interrogeait tous ceux qui l'entouraient, pour leur demander un conseil. Faustus seul conserva cette présence d'esprit si facile aux cœurs droits, celle de dire hautement la vérité.

— Je vais t'expliquer, Vindex, pourquoi

nous sommes dans cette attitude et pourquoi tu nous trouves ainsi tous rassemblés.

Mais au moment où il allait continuer et commencer le récit de tout ce qui s'était passé, Vindex l'interrompit:

— L'ordre que je tiens ici, dit-il, porte qu'avant d'entendre aucune communication, avant de recevoir aucune plainte, je fasse d'abord exécuter les volontés de l'empereur; et cela sera d'autant plus facile que la personne qu'elles intéressent le plus est présente à cette assemblée. Je veux parler de toi, Silia.

Vindex, en mettant le nom de cette femme en avant, était sûr de détourner aisément l'attention du duumvir et celle de Faustus.

— Eh bien, lui répondit celui-ci, nous sommes prêts à l'entendre.

Vindex ouvrit donc le parchemin qu'il portait dans les mains, et qui était revêtu du sceau et de la signature de Néron.

L'ordre que contenait ce parchemin était bien digne de celui qui l'avait dicté. La mort de Silanus, l'époux de Silia, y était annoncée, ainsi que la confiscation de tous ses biens et de ceux de son épouse. Il y était dit encore que les enfants de Silanus, ayant quitté Rome sans la permission expresse de l'empereur, s'étaient rendus coupables du crime de lèse-majesté : en conséquence ordre était donné de les arrêter à Nîmes où ils devaient être arrivés, et de les reconduire à Rome pour y être soumis au jugement de l'empereur ; quant à Silia leur mère, qui sans doute les avait reçus et leur avait donné asile, elle était ainsi devenue leur complice et partagerait leur captivité et le châtiment qu'il plairait à César de leur infliger.

Quand un pareil ordre était signé par Néron, on savait d'avance ce qu'il voulait dire. C'était pour le fils, la mort ; pour la mère et la fille, l'infamie la plus abjecte au milieu des orgies impériales. Silia demeura muette d'épouvante ; le duumvir courba la tête ; Faustus lui seul osa élever la voix :

— Et c'est toi, Vindex, s'écria-t-il ; toi, un soldat, qui avais jusqu'à présent fait respecter ta vertu au milieu de l'épouvantable tyrannie qui nous gouverne, qui t'es chargé de l'exécution d'un pareil ordre !

Vindex ne se troubla point, et répondit froidement :

— Je ne me suis chargé que de le transmettre aux magistrats de cette ville : c'est à eux qu'il appartient de le faire exécuter.

— Et il le fera ! s'écria Fortunata avec joie ! les ordres de l'empereur sont sacrés. Qu'on arrête cette femme !

— Faustus ! s'écria Silia en se précipitant vers lui, le souffriras-tu ?

Quelque exécrable que fût l'ordre de Néron et quoiqu'il ne concernât qu'une femme et deux enfants, la désobéissance était une révolte complète. Le tribun incertain se détourna et rencontra le regard d'Asclyte, qui le suivait avec anxiété et qui au milieu du tumulte de cette scène, lui dit rapidement :

— Je puis te dire maintenant le nom du complice que nous attendions, ce complice devait s'appeler Faustus.

Celui-ci, à cette subite révélation, jeta un regard sur Vindex, qui devina à la fois la confidence du gladiateur et l'interrogation du tribun. Un signe lui fit comprendre la vérité, et Faustus s'écria :

—Non, Silia, je ne te livrerai pas à cet homme. Je te protégerai, je te le jure !

Cependant Bibulus, revenu de sa surprise, s'était placé à la porte de la chambre, et, poussé par Fortunata, il répliqua que personne ne sortirait, ni Silia, ni Faustus, ni Asclyte, ni Vindex lui-même. Il fit retentir la maison de ses cris, et appela ses esclaves beaucoup plus nombreux qu'il ne fallait pour contenir le petit nombre de ceux qui auraient voulu résister. Vindex eut beau en appeler à sa qualité de légat de l'empereur, Bibulus n'en tint compte et lui répéta les révélations d'Asclyte. Il n'écouta pas davantage les menaces de Faustus. Presque aussitôt il se retira pour tenir conseil avec les autres magistrats de la ville dont quelques-uns avaient assisté au souper. Asclyte, Vindex, Faustus et Silia, demeurèrent donc enfermés dans la chambre de Fortunata. Dès qu'ils furent seuls Vindex s'adressant à Asclyte, lui dit avec colère :

—C'est toi, misérable, dont la trahison nous a perdus.

— Ou plutôt c'est ton imprudence, Vindex, reprit Faustus, ton imprudence qui t'a fait confier le succès d'une entreprise en faveur de la liberté à la discrétion et au courage d'un esclave.

— Pourquoi ces vaines récriminations? dit Silia, songez plutôt au moyen de nous sauver ou plutôt de vous sauver. Livrez-moi à Bibulus, et obtenez ainsi de sortir de cette maison. Faustus se rendra dans son camp et ses soldats le protégeront contre le duumvir.

— Il est vrai, répondit Faustus, que si je pouvais parler à mes soldats, je répondrais de leur zèle.

—Eh bien ! dit Asclyte, s'il en est ainsi nous sommes tous sauvés. Nul doute que toutes les issues apparentes de cette chambre ne soient gardées; mais celle par laquelle j'ai été introduit, et qui sert aux amants de Fortunata, ne doit pas être connue du duumvir et il n'aura pu y mettre des gardes.

A l'instant même il souleva une tapisserie, et montra à ses compagnons une porte cachée avec soin dans l'alcôve. Pour y arriver il fallait passer à travers le lit de Fortunata, et Asclyte l'ayant ouverte allait y passer le premier, lorsqu'il se sentit frappé dans la poitrine d'un coup violent. La porte fut repoussée sur lui avec force, et le gladiateur retomba sur le lit en poussant un profond gémissement.

Le poignard qui l'avait frappé était resté dans sa poitrine. Asclyte se débattit un moment comme s'il avait voulu prononcer quelques paroles; mais il ne put y parvenir, et expira tandis que les spectateurs de ce terrible événement se regardaient avec effroi. Ils n'osaient même se confier leurs pensées, reconnaissant qu'ils étaient entourés de si près que la moindre de leurs paroles arriverait aux oreilles de quelqu'un.

Cependant Vindex murmura à voix basse:

— C'est un coup parti de la main de Fortunata; elle seule connaissait cette issue, elle seule y veillait sans doute; elle s'assure ainsi le silence de cet homme sur la véritable cause de sa venue en ces lieux, et elle se donne l'occasion de nous accuser de l'avoir assassiné, pour qu'il ne nous compromît point par ses aveux; tout nous accable.

Cependant cette maison si tumultueuse, un instant avant, était plongée dans un profond silence. Silia assise dans un coin laissait éclater sa douleur par des sanglots. Non-seulement elle se désespérait sur son sort, mais elle se rappelait encore ses enfants qu'elle n'avait pas voulu recevoir et qu'elle supposait être chez Faustus. Au milieu de ces pensées cruelles qui la déchiraient, elle n'osait cependant interroger le tribun, et celui-ci, plus occupé des moyens de la sauver que de toute autre chose, ne songeait point à lui donner de consolation. A une autre époque et sous un autre règne que celui de Néron, le témoignage d'un esclave n'eût certes pas suffi à faire condamner des hommes comme Faustus et comme Vindex; mais ils savaient trop tous deux que la plus légère apparence était une certitude pour le tyran, et que le soupçon qu'on lui inspirait était un crime dont on était bientôt puni. Il n'y avait donc de salut pour eux que dans la révolte armée et triomphante.

Mais les heures se passaient, et sans doute des précautions avaient été prises pour contenir la légion de Faustus; les gladiateurs devaient être arrêtés et désarmés, et nul moyen probable de se sauver ne paraissait rester aux prisonniers.

Ils étaient plongés tous dans une muette stupeur, lorsque la porte s'ouvrit et Fortunata se présenta accompagnée de quelques hommes armés.

Sa pâleur et le tremblement convulsif qui l'agitait eussent été d'irrécusables témoins du crime qu'elle venait de commettre, si la promptitude avec laquelle elle découvrit le cadavre d'Asclyte, la surprise mal jouée qu'elle montra et l'accusation qu'elle porta contre Faustus et Vindex, n'eussent appris à celui-ci qu'il avait justement deviné le parti qu'elle comptait tirer de ce meurtre.

Mais quoique cette précaution fût véritablement entrée dans les calculs de Fortunata, elle avait une autre vengeance à exercer, une vengeance plus précieuse pour le cœur d'une femme, car c'était là perte et l'humiliation d'une rivale. Ainsi, après avoir attesté le témoignage de ceux qui l'accompagnaient, sur le nouveau crime qu'ils venaient de découvrir, elle adressa la parole à Silia.

— Tu es venue, lui dit-elle, visiter cette maison pour y commander en maîtresse, mais je veux t'en faire connaître une partie que Bibulus a négligé de te montrer : c'est celle où on enferme les esclaves rétifs, c'est celle où on leur inflige le châtiment du fouet quand ils l'ont mérité.

Cette menace fit pâlir Silia, et Faustus ne put s'empêcher de témoigner son indignation.

— Oh! ne crains rien pour elle, ajouta Fortunata, cette femme appartient à Néron, et je ne veux pas ajouter aux rides naissantes de cette beauté destinée au maître du monde, les traces du fouet et leurs sanglantes cicatrices.

Silia rougit de honte et d'indignation, et répondit :

—Quelque faibles que soient mes charmes, Fortunata, je n'ai pas encore été forcée de les livrer aux baisers d'un gladiateur, et ce n'est pas dans l'arène ou à l'amphithéâtre que je cherche mes amants.

— Je le sais, je le sais, répliqua Fortunata; tu les cherches dans des rangs plus nobles, et ce ne sont plus seulement des amants que tu leur demandes, mais encore des maris. Un dieu sans doute t'avait avertie de la mort de Silanus, et t'avait annoncé ton veuvage, lorsque tu exigeais de Bibulus ma répudiation et son nom, pour prix d'un amour que tant d'autres ont obtenu à meilleur marché.

— Dit-elle vrai! s'écria Faustus que cette nouvelle désespérait peut-être plus que tous les dangers auxquels il était exposé.

Silia était dans une de ces positions où le malheur prête quelque chose d'auguste à l'aveu sincère de ses fautes.

— Elle dit vrai, Faustus; oui, j'aurais accepté le nom de Bibulus et son alliance; mais tu n'oublieras pas que tu m'avais refusée.

— Oui, en vérité, dit Fortunata, toi ou lui, il lui fallait quelqu'un.

— Tu as raison, Fortunata, Faustus pauvre, s'il l'avait voulu, et à qui je me suis offerte;

ou Bibulus riche, et qui me le demandait à genoux, et à qui je n'avais encore rien promis. Puis elle ajouta :

— Faustus, quand nous nous sommes séparés, je t'ai demandé un service ; maintenant, je puis te dire en quoi il consiste.

Elle s'approcha de Faustus, et reprit à voix basse :

— Si, en me perdant, tu peux te sauver, sauve-toi ; mais apprends une chose : les jeunes gens à qui tu as donné l'hospitalité sont mes enfants ; cette vierge qui est sans doute dans ta maison est ma fille ; je te la confie : elle est belle, Faustus, belle comme je l'étais à l'âge où j'aurais été digne de toi. Reporte sur la fille l'amour que tu as eu pour la mère. Sauve-la de Néron ; moi je sais comment on échappe à l'ignominie de ses ordres ; et il fut un temps où les vertueux exemples de mon époux n'étaient pas perdus pour moi.

A peine avait-elle prononcé ces paroles que Fortunata ordonna que Silia fût emmenée, et bientôt après Faustus et Vindex furent enfermés dans une prison séparée.

V.

Pendant que toutes ces choses se passaient dans le palais du duumvir, tandis que ceux qui s'y trouvaient arrêtés se croyaient perdus, un jeune homme tentait leur salut : c'était Cnéius. Nous l'avons laissé au moment où, introduit dans le palais de Bibulus, il s'y était caché et avait disparu à tous les regards.

Ce n'était pas assurément la prévoyance de ce qui allait arriver qui l'avait porté à cette démarche. Probablement un sentiment de colère, facile à comprendre après le traitement honteux qui lui avait été infligé, l'avait engagé à se cacher; et peut-être le lendemain Bibulus, trouvé poignardé dans son lit, eût montré à quel moyen de vengeance les citoyens étaient réduits depuis qu'ils n'étaient plus protégés par les lois.

Mais Cnéius, profitant du trouble de la maison, s'était retiré dans l'endroit le plus reculé du palais : c'est de là qu'à son grand étonnement, il avait vu s'ouvrir dans l'obscurité une porte secrète, et entrer une femme qui conduisait un homme dans l'intérieur de la maison, avec une précaution qui sembla étrange à Cnéius.

— Est-ce ici la demeure de ta belle maîtresse ? avait dit cet homme.

— C'est ici avait répondu l'esclave, qui le guidait; mais fais silence, quoique nous soyons dans une partie inhabitée du palais. Observe bien le secret chemin que je vais te faire prendre, car c'est par ici qu'il faudra s'en retourner, lorsque tu auras été le plus heureux des hommes.

Cnéius, à ces paroles, résolut de profiter pour lui-même de l'avertissement donné au gladiateur, et il suivit les pas de celui-ci tandis que Psyché le précédait. Peut-être eût-on entendu le bruit que faisait Cnéius si Asclyte avait tenu compte des paroles de l'esclave; mais il lui avait répondu aussitôt :

— Ne peux-tu me dire maintenant quelle est celle qui doit me rendre le plus heureux des hommes ?

— Il est inutile que tu le saches aujourd'hui, que tu le saches même demain, ni jamais; je suppose que tu dois être assez accoutumé à des aventures pareilles, pour qu'il soit inutile de t'avertir que si plus tard tu rencontrais ma maîtresse dans une riche litière, tu ne dois pas la reconnaître, et que si tu te laisses aller à admirer sa beauté ce ne sera que comme un homme qui la voit pour la première fois.

— C'est que lorsque je suis arrivé dans cette ville, répondit Asclyte, on m'a beaucoup parlé de la beauté de plusieurs femmes, et entre autres de celle d'une certaine Silia qui ne se refuse aucun plaisir.

Cnéius tressaillit à ces paroles, et sa main chercha involontairement son poignard ; mais il se contint, et écouta malgré lui la conversation du gladiateur et de l'esclave.

— Et pourquoi, lui dit Psyché, préférerais-tu les faveurs de Silia à celles d'une autre?

— Parce que, dit-on, le duumvir en est fort amoureux, et que ma vanité serait flattée d'être le rival d'un homme si puissant.

Psyché laissa échapper un rire léger et répondit gaîment :

— Attends, Asclyte, c'est un bonheur qui peut-être t'arrivera plus tôt que tu ne penses.

Asclyte ne comprit point la réponse de Psyché dans le sens que celle-ci voulait lui donner, et reprit avec vivacité :

— Serait-il vrai! serais-je chez Silia?

Psyché trouva singulier de le laisser dans son erreur, et répliqua :

— Je ne puis rien te dire, si ce n'est que les dieux ont accompli les vœux que tu as formés.

En ce moment, ils arrivèrent à la porte secrète de la chambre de Fortunata, et Asclyte y fut introduit.

La jeunesse de Cnéius avait été révoltée de la dépravation qu'annonçaient dans la maitresse les paroles de son esclave ; mais son indignation avait cédé à sa douleur en entendant ravaler sa mère au niveau de cette femme. Sans doute elle était innocente de l'infamie dont il était témoin ; mais il voyait bien qu'on l'en croyait capable, et cette opinion lui paraissait aussi déshonorante que le crime lui-même.

Ce fut ce sentiment qui le fit demeurer à la place où il se trouvait, et l'oreille attachée à la porte par laquelle Psyché et Asclyte étaient entrés ; au milieu de son attente, une horrible pensée vint frapper le cœur de Cnéius : bien qu'il fût dans le palais du duumvir il savait que Silia s'y trouvait. Cnéius n'était pas si ignorant de la corruption des mœurs, qu'il ne connût les complaisances des femmes les unes pour les autres, et il frémissait de l'idée que sa mère allait entrer peut-être dans la chambre de Fortunata.

Tout ce que cette crainte avait d'horrible oppressa tellement le cœur de Cnéius, qu'il était sur le point de succomber, lorsqu'il entendit apporter dans la chambre les apprêts d'un souper. Il entendit également Psyché qui recommandait à Asclyte d'y faire honneur jusqu'au moment où sa maîtresse pourrait décemment s'échapper de la table où elle était retenue par la présence de nombreux convives.

Au milieu du tumulte de ses pensées, Cnéius éprouvait encore une plus cruelle incertitude. Rien ne pouvait l'assurer, en effet, que ce fût sa mère qui allait arriver ou une autre; il ne pouvait voir dans l'intérieur de la chambre et ne connaissait ni la voix de Fortunata, ni celle de Silia.

Tantôt les paroles de Psyché s'expliquaient pour lui dans un sens, tantôt dans un autre; enfin son anxiété cessa lorsque Fortunata entra dans son appartement. Celle-ci, avertie par Psyché de la méprise d'Asclyte, avait calculé qu'elle servait à la fois à compromettre une rivale et à assurer sa propre sécurité.

En conséquence, dès les premières paroles

qu'elle prononça en réponse aux fastueux compliments du gladiateur, elle laissa deviner qu'elle était étrangère dans la maison, et qu'elle devait à l'amitié de la maîtresse de la maison le bonheur de voir le bel Asclyte.

— Par quel secret t'a-t-on fait pénétrer jusqu'ici, dit-elle, loin des regards de tous ? Oh ! que je voudrais avoir une maison semblable, et combien alors les véritables plaisirs de l'amour me seraient plus faciles !

Cnéius resta anéanti de ces paroles, de la réponse qui leur fut faite et du silence qui la suivit. Un moment, égaré par sa colère, il voulut briser cette porte pour punir cette effroyable débauche ; mais il recula à l'idée de surprendre sa mère dans les bras d'un gladiateur. D'amers sanglots qu'il étouffa dans sa poitrine, et qui peut-être n'eussent plus été entendus par ceux qui les faisaient naître, le suffoquèrent ; son cœur se serra, et enfin, la honte, le désespoir s'emparant de lui, il tomba presque évanoui sur le seuil de cette porte, oubliant sa propre injure pour penser à son déshonneur, et il demeura là anéanti, n'ayant plus la force d'entendre ni celle de fuir.

Il ne put juger combien de temps il fut dans cet état ; mais lorsqu'il reprit ses sens, il entendit les mêmes voix qui s'entretenaient près de lui, mais elles avaient changé d'expression. Asclyte parlait haut, malgré les avertissements de la femme qui était près de lui. Ses mots, entrecoupés et à peine achevés, laissaient voir suffisamment qu'il s'était laissé gagner par l'ivresse.

— Oui, disait-il, belle Silia, je te débarrasserai, cette nuit, de ton insupportable duumvir ; tu le hais, dis-tu, c'est une raison de plus pour que je le tue.

La voix qui répondait à ces paroles était tremblante d'une émotion bien différente de celle qui l'avait précédée ; on comprenait que celle qui interrogeait attachait le plus grand prix aux révélations du gladiateur, et Cnéius lui-même ayant entendu parler de la mort du duumvir prêta une oreille attentive ; il apprit donc, en même temps que Fortunata, que les gladiateurs devaient envahir le palais, tuer le duumvir et les magistrats qui s'y trouvaient, et proclamer la révolte. Il s'étonnait de cette confidence arrachée à l'ivresse, et que les caresses de Fortunata allaient peut-être rendre complète, lorsqu'il entendit entrer rapidement l'esclave qui venait avertir Fortunata de l'arrivée de son époux. Bien qu'aucun nom n'eût été prononcé, cette annonce suffit pour apprendre à Cnéius que ce n'était point sa mère qui était avec le gladiateur. Silia n'avait plus de mari à redouter, et Cnéius, voulant punir celle qui avait osé prendre le nom de sa mère pour le déshonorer, tint la porte fermée d'une main vigoureuse, tandis qu'Asclyte cherchait vainement à l'ouvrir.

Cnéius persuadé que, dans le désordre qui allait régner dans le palais, la place qu'il occupait était encore la plus sûre, y demeura pour connaître le résultat de cette scène étrange.

C'est ainsi qu'il apprit la tournure que l'audace de Fortunata sut donner à son entrevue avec Asclyte; il entendit de même l'arrivée de Vindex et les ordres dont il était porteur, l'arrestation de Silia, puis enfin celle de Faustus, d'Asclyte et de Vindex. Il demeura près de la porte jusqu'au moment où ils furent seuls, espérant leur donner le salut par cette issue? mais au moment où il allait ouvrir cette porte, il entendit des pas dans le couloir secret qui y conduisait, et jugea que Fortunata, sinon Bibulus, venait garder cette issue, comme les autres. La fuite était donc impossible de ce côté, et il ne voulut pas se laisser surprendre à la place qu'il occupait; il marcha légèrement vers ceux qui approchaient, et, profitant de l'obscurité, il se coucha par terre, le long du mur, et laissa passer Fortunata elle-même et les esclaves qu'elle conduisait; il n'attendit pas son retour, et, se relevant dès qu'ils furent éloignés, il reprit le chemin par lequel était venu Asclyte, et sortit aussitôt du palais de Bibulus.

Dès qu'il fut libre, il se mit à calculer par quels moyens il pourrait prévenir les malheurs, dont lui, sa famille, et ceux qu'il devait considérer comme ses amis étaient menacés. D'abord, il songea à s'adresser aux gladiateurs, mais il réfléchit que ces hommes, qui ne le connaissaient pas, refuseraient probablement de le suivre, et que, lorsqu'ils y consentiraient, un tel secours, suffisant pour y réussir par une surprise, serait inutile maintenant que le duumvir était averti, et avait sans doute fait veiller à la garde de son palais.

Dans cette circonstance, il ne restait d'autre ressource à Cnéius que de s'adresser aux soldats de Faustus, et de les appeler à la délivrance de leur tribun. Mais quel pouvoir aurait-il, lui jeune homme inconnu, sur une légion accoutumée à l'obéissance et qui, comme tant d'autres, avait souvent vu changer le chef qui la commandait sans témoigner de regrets.

Faustus avait sans doute dans la ville des amis qui eussent tenté de le délivrer, mais qui étaient-ils, et où les rencontrer? C'est en faisant ces réflexions qu'il marchait rapidement vers la demeure de Faustus, pour y rejoindre Chrysis et demander conseil au chef des esclaves du tribun, ou à tout autre qui voudrait tenter avec lui le salut des prisonniers.

Mais un malheur plus cruel que ceux qu'il avait à déplorer l'attendait dans la demeure de Faustus.

A peine arrivé, il demanda sa sœur, et il apprit avec surprise qu'elle n'était plus chez Faustus. Le chef des esclaves lui raconta qu'une heure environ après son départ, Eumolpe était revenu et avait emmené la jeune fille. Cnéius demanda où il l'avait conduite, et l'esclave ne put lui répondre autre chose, sinon qu'il avait entendu le poëte dire à Chrysis :

— Hâtez-vous, votre mère vous attend.

Que Silia eût rencontré Eumolpe, et qu'apprenant de lui que ses enfants étaient à Nîmes et chez Faustus, elle eût voulu les voir, ce n'était pas une chose impossible ; mais Cnéius venait de quitter la maison de Bibulus, où Silia avait paru apprendre, seulement alors, la mort de son époux et la fuite de ses enfants. Une nouvelle angoisse entra au cœur de Cnéius, et il ne s'expliqua ce nouvel incident que comme un nouveau malheur.

Épouvanté de ce que pouvait être devenue

sa sœur dans les mains d'un homme comme
Eumolpe, il se contenta de dire à l'esclave
qu'il avait interrogé que son maître venait
d'être arrêté par ordre du duumvir, qu'il était
retenu dans son palais, et se trouvait en danger de mort. Vainement l'esclave voulut le
faire expliquer plus clairement; Cnéius s'échappa malgré ses cris, et courut vers la maison de sa mère pour voir si sa sœur y était
véritablement.

Mais la nuit était obscure, et si Cnéius avait
retrouvé aisément le chemin du palais du
duumvir à la maison de Faustus, parce qu'il
avait déjà été directement de cette maison au
palais, il n'en fut pas de même quand il lui
fallut retrouver la demeure de Silia.

Il courut d'abord comme un insensé, à travers les rues désertes, cherchant partout cette
porte maternelle qui lui avait été refusée et
qu'il ne reconnaissait pas. Enfin, accablé de fatigue, il tomba sur une pierre et tâcha de se
remettre pour rassembler ses idées et prendre
une résolution.

Ce moment de repos lui fit voir combien il

avait manqué de réflexion. Nul doute que s'il avait demandé un guide à l'esclave de Faustus, celui-ci ne lui en eût servi, ou ne lui en eût donné un. Il semblait donc encore plus prudent de retourner chez Faustus; mais, après le nombre de rues que Cnéius venait de parcourir, retourner chez Faustus lui était devenu aussi difficile que retrouver la maison de Silia. Le désespoir faillit reprendre Cnéius, mais il eut assez d'empire sur lui-même pour ne pas s'y abandonner, et pour se demander encore ce qu'il avait à faire. S'il eût rencontré quelqu'un, il se fût informé de la demeure de Silia, mais à cette heure il ne passait personne dans la rue; s'il eût trouvé une maison ouverte, il y eût pris les renseignements dont il aurait eu besoin, mais toutes étaient silencieuses. Cependant, pressé de cette pensée, il reprit lentement sa marche, écoutant à chaque porte s'il n'entendrait pas un bruit intérieur qui pourrait lui permettre de heurter et de demander ce qu'il voulait savoir. Déjà il avait parcouru une assez longue partie de la rue où il se trouvait, quand les cris d'une joie lointaine vinrent frapper son oreille. Cnéius courut vers ce but qui tantôt grandissait avec violence, et tantôt se perdait dans une sourde rumeur. Enfin, il arriva devant la porte de la maison où il avait cru entendre des cris se mêler à de joyeux éclats de rire, mais un silence profond paraissait s'y être introduit à son approche, et il n'entendit rien que les pas sourds de quelques personnes qui semblaient aller et venir avec mystère. C'en était assez pour que Cnéius se décidât à frapper.

Au bruit qu'il fit, tout autre bruit cessa dans la maison. Cnéius frappa encore et crut entendre des voix qui se concertaient tout bas. Enfin quelqu'un s'étant approché de la porte, demanda qui heurtait ainsi. La voix qui fit cette question était connue à Cnéius. Il n'eut pas longtemps à chercher, car une autre voix partie de l'atrium dit aussitôt :

— Eumolpe, n'ouvrez pas, quoi qu'on puisse répondre.

— Eumolpe! s'écria Cnéius à ce nom, Eumolpe, infâme ravisseur, ouvre, ouvre sur-le-champ; qu'as-tu fait de ma sœur? misérable!

Et Cnéius, sans attendre de réponse, se mit à frapper la porte avec une rage inutile.

Mais personne ne répondit, et Cnéius s'épuisa vainement en cris et en imprécations. Il avait ramassé une pierre et il en battait la porte avec fureur. Ces coups redoublés eurent bientôt éveillé le voisinage; des portes et des fenêtres s'ouvrirent; des hommes et des femmes tenant pour la plupart des lampes à la main s'y montrèrent, et Cnéius était prêt à leur demander aide et secours, quand un homme, qui était sorti de chez lui avec un gros bâton, s'écria :

— N'est-ce pas assez que cette Pannychis, cette infâme courtisane nous empêche de dormir par le bruit de ses orgies, faut-il encore que quelque amant refusé trouble notre repos, en venant frapper à la porte comme un furieux; aidez-moi, citoyens, et tâchons de dégoûter les autres, par l'exemple que nous allons faire de celui-ci.

L'homme qui avait ainsi parlé allait mettre sa menace à exécution lorsque Cnéius s'élança vers lui avec une force et une violence qui épouvantèrent cet homme.

— Qu'as-tu dit? s'écria le jeune Romain, qu'as-tu dit? Cette demeure est celle d'une courtisane, celle d'une courtisane?

Et, sans attendre de réponse, il saisit le bâton dont cet homme était armé et se précipita sur la porte. Il la frappait avec rage en s'écriant.

— Chrysis, ma sœur, ma sœur, ma sœur!

Ces exclamations répétées avertirent les citoyens éveillés par le bruit de la cause de la fureur de ce jeune homme.

— C'est sa sœur qu'il vient chercher, disait l'un. — Une fille perdue sans doute, qui se sera échappée de la maison paternelle, ajoutait une marchande de toile de la Gaule, fort laide et à qui personne n'avait demandé de cesser d'être vertueuse. — Ou peut-être est-ce une vierge pure que les infâmes libertins qui fréquentent la maison de Pannychis y auront attirée.

Cnéius n'entendait aucun de ces propos, il continuait à frapper la porte avec une rage croissante, et, après avoir brisé son bâton, il frappait de ses mains désarmées. Cependant un grand nombre de curieux étaient attroupés autour de la maison ; la plupart, touchés par les cris de ce jeune homme, se préparaient à lui prêter main-forte, pour l'aider à entrer dans la maison. Quelques-uns avaient été chercher un lourd madrier, et déjà l'on commençait à s'en servir en proférant les plus terribles menaces contre Pannychis et tous ceux qui étaient enfermés dans sa maison, lorsque la foule s'ouvrit à la voix impérieuse d'un nouveau venu, qui s'informa de ce qui se passait.

C'était un décurion de la garde du duumvir suivi de quelques soldats. Un des citoyens présents lui expliqua qu'il s'agissait d'un jeune homme qui redemandait sa sœur qui se trouvait dans la maison de la courtisane Pannychis, et il demanda au décurion d'interposer son autorité pour faire ouvrir cette porte.

— Je n'ai pas ce droit, répondit le décurion, mais voici un licteur à qui le duumvir a délégué le pouvoir de se faire ouvrir diverses maisons de la ville ; demandez-lui assistance.

— Qui que tu sois, s'écria Cnéius, au nom de

la justice et de l'humanité, je t'implore : fais ouvrir cette porte : rends-moi ma sœur qu'un infâme m'a enlevée.

— Je n'ai pas de temps à perdre, répondit le licteur, pour quelque misérable fille qui sera venue ici volontairement.

— Licteur ! s'écria Cnéius, emporté par son désespoir, celle qu'ils ont enlevée n'est pas une fille misérable ; c'est une noble patricienne, c'est la fille de Silanus de Rome, la fille de Silia.

— La fille de Silia ? répondit le licteur en arrêtant les soldats qui étaient prêts à s'éloigner, la fille de Silia ? si tu dis vrai, tu m'as épargné la moitié de mon chemin, car j'allais pour l'arrêter chez sa mère ainsi que son frère Cnéius, et si je t'ai bien compris, tu es ce Cnéius que je cherche. Soldats, emparez-vous de lui, et qu'on brise cette porte si elle n'est ouverte à l'instant.

Cnéius fut immédiatement saisi, et le licteur ayant demandé, au nom de César, l'entrée de la maison, la porte fut ouverte aussitôt. Cnéius voulut y suivre le licteur ; mais celui-ci le fit retenir par ses soldats, et y pénétra seul. Le temps qu'il y demeura parut cruellement long au malheureux Cnéius; cependant il s'attendait à tout moment à voir sortir sa sœur, et cet espoir lui donnait quelque résignation au milieu des angoisses de toutes sortes qu'il éprouvait. Il la vit sortir en effet, mais non point comme il l'avait espéré ou comme il l'avait redouté, non point la fière pudeur de l'innocence sur le front, où le désespoir de l'infamie dans la démarche, mais le visage couvert de la pâleur de la mort; étendue sur une civière portée par deux soldats, immobile et les yeux fermés.

— Elle est morte! sécria Cnéius, en se précipitant vers la litière; morte !

— Elle est évanouie, répondit le licteur.

— Où l'emportez-vous ainsi?

— Chez le duumvir où tu vas nous suivre.

— Citoyens, s'écria Cnéius, cette vierge est destinée aux orgies de l'infâme Néron : la livrerez-vous ainsi? Au nom de la sainte pudeur, au nom de vos filles et de vos sœurs, prêtez-moi secours pour la défendre!

Il parlait encore, et déjà chacun s'éloignait. Le nom qu'il avait prononcé n'avait excité qu'une profonde terreur parmi la foule. Cnéius la vit s'éloigner rapidement, chacun évitant d'être reconnu. Il frémit de cette lâcheté, et eût encore la douleur d'entendre une voix qui dit ironiquement à côté de lui:

— Si l'on vient chercher des vierges pour Néron chez la courtisane Pannychis, nous choisirons nos vestales dans le temple de la bonne déesse.

On entraîna donc Cnéius qui jetait de temps en temps un regard désolé sur sa sœur et qui ne cherchait plus à la sauver, la croyant déjà perdue. Cependant à mesure qu'ils approchaient du palais du duumvir, le besoin de son salut et celui de sa vengeance le reprenaient à la fois, et tout jeune et inexpérimenté qu'était Cnéius, vieilli soudainement par l'infortune, ou exaspéré par sa position il conçut un projet, qu'il n'osa peut-être mettre à exécution que parce qu'il n'eut pas le temps de le méditer et d'en calculer pour ainsi dire l'impossibilité.

Mais avant d'aller plus loin il est nécessaire de raconter comment Chrysis avait été conduite chez la courtisane.

VI.

Au sortir du cirque, Gnaton, comme nous l'avons dit, avait suivi les pas d'Eumolpe, de Cnéius et de Chrysis; mais il n'avait pas osé aborder le poëte dans la rue et il n'avait pu apporter à Pannychis d'autre avis, si ce n'était que la jeune fille, dont la beauté avait réveillé sa jalousie, demeurait chez Faustus. Cette nouvelle ne fit qu'irriter la colère de Pannychis, et elle ordonna à Gnaton de retourner chez Faustus, de demander Eumolpe, et d'obtenir de lui, par la force et la menace, les renseignements qu'elle voulait avoir. Gnaton obéit, et rencontra Eumolpe comme il s'éloignait du palais du duumvir. Il est inutile de dire par quelles menaces Gnaton obtint du poëte la révélation du secret de Cnéius et Chrysis. Un homme, quel qu'il soit, est toujours à la merci des antécédents de sa vie, et Gnaton connaissait trop bien ceux du poëte pour ne pas le faire obéir. Au moment où Gnaton revint près de Pannychis avec le nom de Chrysis et de Cnéius, il se passait chez elle une de ces scènes communes à toutes les époques de corruption, et qui pourraient ressembler à de l'actualité déguisée sous des noms romains, s'il n'était pas plus assuré que les vices sont un héritage que les siècles reçoivent des siècles, héritage qui s'exploite toujours à peu près de la même manière.

— Je te dis, Pannychis, que, ce soir, tu nous donneras à souper à moi et à quatre de mes amis.

C'était un jeune homme qui n'avait été revêtu de la robe prétexte que depuis deux ans qui parlait ainsi.

— Je ne puis pas, répondait la courtisane ; je suis malade et fatiguée.

— Tu mens, par tous les dieux ! tu es bien portante, et je ne te permettrai de parler de fatigue que demain matin ; mais sans doute quelqu'un m'a précédé. Combien t'a-t-il promis ? je te promets plus que lui.

Je sais que tu es généreux en promesses, Métellus ; mais mon trésor est tellement plein de toutes celles que tu m'as faites, que je n'ai plus de place pour tant de richesses.

— C'est-à-dire que tu me refuses crédit, la belle lionne : eh bien ! tu seras payée, toi et le festin, ce jour même, et, si tu l'exiges, par avance.

— C'est d'une si grande rareté que je n'y croirai que quand je l'aurai vu.

— Et bien ! regarde.

Métellus tira une bourse de son sein et la jeta sur la table. Pannychis la pesa de l'oeil, et sa cupidité domina un moment dans son regard la tristesse qui s'y montrait ; mais ce dernier sentiment était sans doute bien puissant chez elle car elle détourna aussitôt la vue et répondit :

— Non, je t'ai dit que c'était impossible. Je ne te recevrai pas.

— C'est qu'alors la place est prise! s'écria Métellus en reprenant la bourse, et je veux savoir par qui. Je veux connaître devant qui je dois me retirer, ou je te fais serment que si tu ne me le dis pas, je reviens ce soir avec mes amis, et que nous chasserons à coup de verges les insolents qui oseront jouir du bonheur que j'ai désiré.

— Je crains peu tes menaces, Métellus, quoique je sache que tu es assez audacieux pour essayer de les exécuter; mais si les complaisances de ta mère pour la femme du duumvir, dont elle protége les rendez-vous amoureux, t'ont mis à l'abri de la poursuite des magistrats, tu n'ignores pas que je saurai bien me défendre moi-même, et qu'il t'en a coûté déjà cher pour avoir voulu troubler l'honnête repos de cette maison.

— Oui, je le sais, et je ne l'ai pas oublié. C'était au temps de ta passion pour Faustus. Ce fut lui que je rencontrai ici: non, je n'ai pas oublié qu'il a poussé l'impudence jusqu'à me faire fouetter, en disant que c'était ainsi qu'il fallait corriger les écoliers qui faisaient du bruit. Non! je ne l'ai pas oubliée cette injure, et je m'en vengerai.

— Toi! reprit Pannychis avec mépris.

— Oui, moi, et l'outrage que je lui rendrai sera plus cruel que celui que j'ai reçu. Par Jupiter! je voudrais que ce fût lui qui vînt ce soir, et nous verrions cette fois qui de lui ou de moi céderait la place.

— Mais il ne viendra pas, et tu en parles à ton aise. Que ne le chasses-tu de chez Silia?

— Ah! reprit soudainement Métellus, en haussant les épaules, voilà l'obstacle à notre rendez-vous; tu es amoureuse et tu es triste, et tu fuis les amants; et, fille de la volupté, n'es-tu pas honteuse? On est sûr quand on vient chez toi qu'au troisième mot tu parleras de Faustus, et au quatrième de Silia. Cette femme est bien véritablement ta plus cruelle ennemie, car elle te rend laide à force de te faire pleurer.

— Mais je compte bien la voir pleurer à son tour. As-tu remarqué cette belle jeune fille avec laquelle Faustus est entré au cirque.

— Oui, vraiment.

— Eh bien! c'est sans doute quelque nouvelle maîtresse, pour laquelle il quittera Silia comme il m'a quittée pour elle.

— Par le ciel! voilà ma vengeance toute trouvée; il faut que je lui enlève cette jeune fille.

— Et comment y réussiras-tu, enfant, tu ne la connais pas, et si je sais juger des pensées d'une jeune fille par ses regards, je suis sûr qu'elle aime Faustus; elle n'a pas quitté des yeux la place où l'infidèle était assis.

— Peut-être la passion n'est que dans ses regards, et quand elle ne le verra plus elle ne l'aimera plus.

— Que veux-tu dire? oserais-tu tenter un enlèvement de vive force?

— De vive force ou par ruse, selon l'occasion ou la nécessité.

La conversation en était là lorsque Gnaton vint pour redire à Pannychis ce qu'il avait appris d'Eumolpe. Dès que la courtisane sut le retour de Gnaton, elle sortit de la chambre où était Métellus, et se retira, avec le complice de sa débauche, dans une salle reculée. Elle apprit alors que Chrysis était la fille de Silia, que sa mère feignait d'ignorer qu'elle fût à Nîmes, et que Faustus ne connaissait point les hôtes qu'il avait reçus.

L'entretien que Pannychis venait d'avoir avec Métellus, et la nouvelle qu'elle apprenait lui inspirèrent aussitôt un projet auquel la réflexion manqua peut-être pour en montrer les suites à la courtisane, suites devant lesquelles elle eût peut-être reculé si elle les eût prévues.

— Gnaton, dit-elle aussitôt, il faut qu'Eumolpe m'amène la fille de Silia; je veux la connaître.

— Tu es folle, Pannychis.

— Je ne suis point folle, et je veux voir Chrysis.

— C'est impossible; quel prétexte donnerai-je à Eumolpe, et dans quel intérêt braverait-il la colère de Silia, en cherchant à déshonorer sa fille?

— Déshonorer sa fille! et que verra-t-elle

ici qu'elle ne puisse voir chez sa mère? Elle n'y trouvera plus Faustus, sans doute, puisque Silia me l'a pris; mais elle y rencontrera des patriciens qui le valent bien.

— Je t'ai dit qu'Eumolpe ne consentirait pas; d'ailleurs il m'a confié qu'il comptait quitter, ce soir même, la ville de Nîmes; il paraît qu'il a attiré sur Cnéius une disgrâce que ce jeune homme ne lui pardonnera pas, et il veut fuir sa colère.

— Que lui importe alors de la mériter pour la sœur comme pour le frère ?

— Je pense que cela lui importe peu en effet, et c'est pour cela qu'il ne fera rien contre cette jeune fille ; il n'y a pas ici vingt coups de bâton à éviter.

— Et s'il y avait cinq cents sesterces à gagner?

— Ce serait différent, mais comme, grâce à ta folle passion, nous sommes dans la misère; comme l'argent que tu as reçu hier il a fallu le donner aux fournisseurs sous peine d'être chassés de cette maison, je ne sais trop comment tu veux intéresser Eumolpe à tes projets.

— N'est-ce que cela? dit Pannychis, avec

un sourire mi-parti de mépris pour Gnaton et de vanité pour elle-même ; tu vas avoir de l'argent.

Elle rentra dans la chambre qu'elle venait de quitter, et dit aussitôt à Métellus :

— Je te donnerai à souper ce soir, ainsi qu'à tes amis.

— C'est bien, voici ma bourse ; mais sois joyeuse, Pannychis, et invite quelque belle fille qui partage notre ivresse.

— Par Vénus, reprit Pannychis, je veux t'en montrer une qui mériterait les hommages de Pâris lui-même.

— Est-ce quelque Hélène dont je connaisse le Ménélas?

— Non, c'est, à une lettre près, une Chrysis, que tu peux enlever à son Achille, si tu oses faire l'Agamemnon.

— Je ne refuse pas la place du roi des rois. A ce soir donc, nous jouerons l'Iliade ; nous serons ici dans deux heures.

Si nous avons bien fait comprendre ce qu'était alors cette race abjecte de Grecs, qui allaient de ville en ville exploitant la débauche, l'espionnage, la délation, la flatterie et la calomnie; on ne s'étonnera pas de voir Eumolpe céder aux sollicitations et à l'argent de Pannychis, pour lui livrer la fille de Silia.

Le calcul du poëte était facile à comprendre; grâce à la substitution qu'il avait faite de son billet contre celui de Cnéius, il n'avait à attendre de Silia qu'un juste châtiment de son audace; il fallait donc fuir. La bourse qu'il avait reçue de Silia était suffisante pour permettre au poëte de quitter Nîmes et de gagner une autre ville; mais il devenait plus riche qu'il ne l'avait été depuis longtemps en gagnant l'argent de Pannychis, et il n'hésita pas un moment à le gagner.

Ce fut donc avec le nom de sa mère qu'il fit sortir Chrysis de la maison de Faustus et qu'il l'emmena dans le lieu de débauche, où son frère Cnéius la découvrit par hasard.

Cnéius ignorait cependant ce qui s'était passé dans cette maison; il ne savait jusqu'où avaient pu aller les outrages que sa sœur y avait soufferts; mais dans le moment où il espérait encore que l'évanouissement de Chrysis l'avait sauvée des dernières brutalités, il se sentait un plus vif besoin de la venger; et son doute n'était pas un aiguillon mois acéré que ne l'eût été une certitude complète.

Ainsi, dès qu'il fut entré dans le palais du duumvir, il demanda avec hauteur à être conduit devant lui, attendu qu'il avait une plainte à porter. Le décurion haussa les épaules, et répondit qu'il mènerait Cnéius devant le duumvir, parce que celui-ci lui avait donné l'ordre de faire paraître Cnéius en sa présence; mais que le temps était passé où un citoyen se croyait assez assuré de la force de ses droits et de la justice d'un magistrat pour en appeler au juge lui-même du jugement qu'il avait rendu.

Cnéius et Chrysis toujours évanouie, toujours immobile et froide sur le lit où les soldats l'avaient placée, furent admis dans la salle où se tenait le duumvir. Martius, l'édile, était à côté de lui, le questeur était présent, et les tribuns s'y trouvaient de même; Fortunata, retirée dans un coin, surveillait les actions de son époux. Elle ressemblait au poëte qui, de la coulisse, suit les mouvements des acteurs qui, jouent les rôles de sa comédie; prêt à les avertir, ou à les exciter selon qu'ils exécutent bien ou mal ce qu'il leur a prescrit.

— Voici, dit le décurion, les deux personnes que tu m'as chargé d'arrêter; Chrysis que nous avons découverte dans un lieu où les vierges ne vont pas d'ordinaire, et Cnéius qui, je crois, désire protester contre l'ordre de son arrestation.

— Tu mens! s'écria Cnéius avec une indignation qui surprit les magistrats; je connais les ordres de Néron, et c'est avec bonheur que je m'y soumettrai; mais cet homme qui vient de parler, ce décurion, a manqué à son devoir.

—Je jure, dit le décurion.....

— Tais-toi, reprit avec hauteur Cnéius, soldat infidèle, tais-toi et garde tes paroles pour prier et implorer la clémence des magistrats et la mienne.

Chacun se regarda avec étonnement à ce singulier discours, et Cnéius continua :

— Ce décurion vient de vous dire, sans s'en apercevoir, en quoi il était coupable; il vous a appris que Chrysis, ma sœur, avait été arrêtée en un lieu peu convenable. Elle a été arrêtée en effet chez la courtisane Pannychis.

L'étonnement redoubla parmi les magistrats.

— Mais ce qu'il ne vous a pas dit, c'est que ma sœur y avait été entraînée par une ruse abominable, et y avait trouvé d'infâmes libertins qui l'avaient réduite à l'état où vous la voyez.

— Et c'est contre eux que tu portes plainte, dit le duumvir d'un ton dédaigneux; c'est bien, c'est bien, on s'en occupera plus tard.

—C'est contre eux que je porte plainte devant vous; et ce sera devant César que je porterai plainte contre vous-même, si vous ne faites droit à ma demande. Oubliez-vous que cette jeune fille était destinée au divin Néron, et ne frémissez-vous pas à l'idée de la lui envoyer ainsi outragée. Celle qui devait être pour notre famille le principe de la puissance et de la fortune ne nous méritera maintenant que la colère et les mépris de César. Détournons donc cette colère, en prévenant, autant que nous le pouvons encore, les désirs de notre maître; accomplissons par avance la vengeance qu'il demandera, des imprudents qui ont osé souiller ses plaisirs. C'est votre devoir, magistrats, c'est le premier de tous; les plaisirs de César sont sacrés, et malheur à l'insensé qui ose y mettre obstacle; il mérite la mort!

Les magistrats n'avaient pas pensé à cette manière d'envisager la question, et ils pâlirent en entendant la réclamation de Cnéius. Il faut dire ici à quel point la servilité était poussée, pour qu'on ne s'étonne pas de la bassesse de ces hommes, qui crurent à la bonne foi de Cnéius. Ce qui nous paraît le comble de la lâcheté, était à cette époque bien loin des lâchetés habituelles des plus nobles citoyens. L'histoire en cite beaucoup, qui, condamnés à mort par Néron et arrivés à l'heure suprême, où il semble que devait commencer leur affranchissement, dictaient du fond du bain où on leur avait ouvert les veines, le testament qui léguait tous leurs biens à César et qui le remerciait de sa clémence.

Ainsi donc, rencontrer un jeune homme qui acceptât avec joie les ordres de Néron, quand ces ordres ne demandaient que la prostitution de sa mère et de sa sœur, était une chose plus qu'ordinaire : c'était même une chose raisonnable quand on réfléchissait que le caprice de Néron pouvait faire une faveur de cette prostitution ; et Cnéius avait laissé percer assez adroitement ces basses espérances, pour que les magistrats ne doutassent point de sa sincérité et fussent épouvantés de ce qui était arrivé.

— Il a raison, dit Bibulus, il faut qu'ils soient arrêtés sur l'heure ; il faut qu'on prenne le plus grand soin de cette jeune fille. A qui devons-nous la confier pour la ranimer et la rappeler à la vie ?

— A qui peut-on mieux la confier qu'à sa mère ? dit Fortunata, qui, au milieu de l'étonnement général, ne perdait pas de vue le mal qu'elle pourrait faire à Silia, et qui savourait d'avance la douleur de cette mère, en recevant sa fille dans cet état.

L'ordre fut donné de transporter immédiatement Chrysis dans la prison où était détenue

Silia, et Fortunata se chargea de le faire exécuter.

Pendant qu'on emmenait Chrysis, le duumvir interrogeait le décurion sur les personnes qu'il avait trouvées chez la courtisane Pannychis. Métellus et deux autres jeunes gens des familles les plus riches de Nîmes avaient été reconnus, le quatrième était un certain Publius Sextus, centurion dans la légion de Faustus. Cnéius demanda leur arrestation immédiate.

— J'accompagnerai le licteur, dit-il; je veux savoir si les ordres de César seront fidèlement exécutés, et si les complaisances des magistrats pour leurs amis ne leur permettront pas la fuite.

L'audace avec laquelle Cnéius était passé du rôle d'accusé à celui d'accusateur, et de l'obéissance au commandement, dominait tous ces hommes, et on lui offrit avec empressement de se charger de poursuivre et d'atteindre les coupables.

Cependant Fortunata était déjà de retour avant que Cnéius fût reparti avec le décurion, et elle entendit nommer Métellus parmi ceux qui devaient être arrêtés. Métellus demeurait à une extrémité de la ville, assez éloignée pour qu'un esclave y pût arriver avant Cnéius, qui serait forcé de s'arrêter dans la demeure des autres coupables. Fortunata envoya donc sur-le-champ un billet à Marcia, la mère de Métellus, pour l'avertir de faire cacher son fils. A peine cet esclave fut-il parti, pour essayer de sauver celui à qui Fortunata prenait un intérêt si vif, que Cnéius sortit du palais pour aller à la recherche de ceux qui avaient outragé sa sœur. La démarche de Fortunata ne venait point de son amitié pour Marcia ; elle avait un autre motif en essayant de sauver Métellus. Fortunata s'assurait ainsi le silence de la mère de ce jeune homme sur les intrigues auxquelles celle-ci prêtait si complaisamment les mains ; et en allant au devant de que cette femme pouvait lui demander, elle prévenait peut-être des exigences menaçantes. Lorsque toutes ces mesures furent prises, les magistrats qui étaient demeurés chez Bibulus, ou qui y avaient été appelés, se retirèrent et le duumvir et sa femme restèrent enfin seuls, en présence l'un de l'autre; la conversation qu'ils eurent ensemble ne mérite pas d'être rapportée; mais il nous faut dire ce qui arriva dans l'entrevue de Silia et de sa fille.

VII.

Depuis le moment où elle avait été enfermée dans une chambre, qu'on semblait n'avoir consenti à éclairer par une lampe fumeuse que pour mieux en faire voir la misère, Silia n'avait pas changé de place. Assise sur le bord du misérable lit qui lui était destiné, Silia réfléchissait à tout ce qui lui était arrivé dans le courant de cette rapide journée. Elle mesurait la hauteur des espérances d'où elle était tombée; et, plus malheureuse encore de ce qui la menaçait que de ce qui l'avait frappée, elle n'osait s'occuper de l'avenir qui lui était réservé.

Pour les âmes fortes, qu'elles soient engagées dans la route du mal ou dans celle du bien, le malheur est presque toujours un éperon qui les pousse à persévérer dans la voie qu'elles ont choisie : les bons y trouvent un motif de devenir meilleurs, les méchants s'y excitent à être pires. Les cœurs faibles éprouvent un effet tout différent. L'homme vertueux, mais sans volonté, qui tombe dans un malheur immérité se laisse aller à douter de la vertu. Celui qui s'est abandonné au mal, plutôt qu'il ne s'y est porté de lui-même, regrette aisément sa conduite passée et s'accuse souvent au-delà des fautes qu'il a commises.

Il en était ainsi pour Silia.

Belle et charmante, autant qu'aucune femme puisse l'être, demeurée trop jeune pour son âge par l'indulgente adoration de tout ce qui l'entourait et qui se plaisait à lui obéir, si heureuse de son bonheur, quand elle en avait, que tout le monde se sentait poussé à lui en donner, comme on aime à offrir un présent qui sera bien reçu; élégante au moins dans la sale corruption qui se vautrait autour d'elle; assez pure de vues intéressées pour avoir préféré Faustus, s'il l'eût voulu, au puissant et riche Bibulus, Silia ne s'en accusait pas moins avec une rigueur impitoyable. Oubliant dans quel siècle elle vivait et comment on vit dans tous les siècles, ne se souvenant pas assez qu'en présence des principes d'une morale sévère les plus vertueux ne sont pas ceux qui la suivent rigoureusement, mais ceux qui s'en écartent le moins, Silia se trouva la plus criminelle des épouses et des mères. Ce saint devoir de la douleur, qu'elle avait si légèrement écarté le matin, lui paraît un crime insupportable; le refus de voir ses enfants lui sembla un abandon infâme et dénaturé et ses projets vis-à-vis de Bibulus se présentèrent à elle comme les calculs de la plus indigne courtisane. C'est que dans ce moment elle ne raisonnait plus comme le matin; elle ne prenait plus pour terme de comparaison les actions de ceux qui l'entouraient, et vis-à-vis desquels elle était encore, nous ne dirons pas la plus vertueuse, mais enfin la moins coupable; elle se mesurait à la règle austère du devoir, et elle l'avait bien souvent franchie.

C'est en suivant cette marche qu'elle en était arrivée à regretter sa bonne renommée qu'elle avait perdue, et non plus sa richesse qu'elle allait perdre; et elle ne considérait plus déjà de quelle position elle était tombée dans le malheur, mais à quels excès elle était descendue dans la fortune. Cependant la profondeur de sa chute était aussi flagrante aux regards qu'elle pouvait l'être à la réflexion. Le misérable en haillons qu'on rencontre dans une prison, défiguré par la famine, exténué par la douleur, a besoin d'un long récit, quand il n'a pas un grand nom, pour faire comprendre la différence de ce qu'il a été avec ce qu'il est; mais celui qui fût entré dans la prison de Silia eût jugé tout de suite de l'infortune de cette femme. Elle était encore vêtue de ses somptueux habits, la tête couronnée de fleurs, les bras chargés de bracelets, et les mains d'anneaux précieux; les plis élégants de sa robe pendaient doucement autour d'elle, et, la laissaient voir belle comme elle l'était; la fine coquetterie de sa parure, le soin délicat de tout son corps, brillaient encore en elle, et toute cette femme charmante, si soudainement enlevée aux joies du festin, aux triomphes de sa beauté, à l'élégante mollesse de sa vie, était dans une prison humide et obscure, assise sur un grabat, les pieds sur une pierre froide, le regard fixe et pour ainsi dire plongé dans sa vie passée, qu'elle interrogeait heure à heure. Ce fut dans cet état que Fortunata la trouva. Tout ce que Silia eût inspiré de pitié au plus indifférent devint de la joie dans le cœur de son ennemie. Fortunata elle-même n'eût pas si bien senti le malheur de Silia si elle l'avait trouvée misérablement vêtue dans ce lieu misérable. C'est la joie du sujet révolté qui soufflette son roi, la couronne sur la tête, et qui apprécierait mal sa victoire s'il rencontrait son souverain, errant et fugitif, dans quelque forêt cachée.

Il sembla que Fortunata craignît de compromettre le plaisir qu'elle venait d'éprouver, car elle ordonna, d'un geste muet, de déposer Chrysis sur le lit d'où Silia s'était levée. Puis, quand celle-ci, étonnée de ce qui se passait, demanda ce que c'était que cette femme immobile qu'on lui donnait pour compagne, Fortunata referma la porte, en lui répondant :

— Silia, c'est ta fille.

Fortunata avait bien calculé toutes les angoisses qui devaient déchirer le cœur de cette pauvre femme ; aucune ne lui manqua en effet. D'abord elle crut sa fille morte, sa fille qu'elle avait abandonnée, et à qui cet abandon avait sans doute donné la mort; et ainsi mère dénaturée elle avait tué son enfant. Silia le crut : puis elle crut encore que Chrysis avait préféré le trépas à la honte qui lui était reservée, et cette supposition ne fut pas moins cruelle : c'était une leçon de vertu venue de celle qui devait en recevoir de sa mère. Tous ces mouvements déchirèrent cruellement cette âme, à la peau fine et délicate, bercée jusque-là dans l'amour des autres, dans leurs flatteries, et dans l'oubli d'elle-même. Enfin Silia reconnut que sa fille n'était point morte. Il restait entre elles bien des motifs, pour Silia, d'être triste et honteuse devant sa fille; mais le sentiment maternel, cet amour de la femme pour le fruit de ses entrailles, domina toute cette tristesse, effaça toute cette honte, et Silia poussa un cri de joie devant la vie de sa fille, le même cri de joie que le jour où cette fille était née. Cette mère se retrouva tout entière; elle se retrouva dans les soins par lesquels elle rappela cette vie incertaine, et qui ne laissait plus deviner si elle allait se rallumer ou s'éteindre; elle se retrouva dans l'anxiété avec laquelle elle suivait les battements de ce cœur, qu'une mère seule pouvait sentir vivant dans ses faibles pulsations.

La vie revint enfin, la vie assurée, avec la respiration profonde, la poitrine qui se gonflait d'air, le visage qui se colorait, les membres qui cherchaient le mouvement; il ne lui manquait plus que la parole et le regard; le regard, ce sens double, qui sent et qui parle; la parole, ce témoignage extrême que la vie de l'âme est revenue avec celle du corps, ou qu'elle en est séparée.

Silia, penchée sur le lit de sa fille, attendait qu'elle ouvrît les yeux et qu'elle parlât. Chrysis, après s'être longtemps agitée comme pour se tirer de son engourdissement se leva sur son séant et ouvrit les yeux.

— O ma mère ! murmura-t-elle tout bas, ma mère ! ma mère !

Ce mot si saint et si doux fut prononcé par Chrysis, sans qu'elle parût y attacher le moindre sens ou la plus légère espérance. On eût dit que c'était l'écho lointain et affaibli, d'un mot invoqué quelque temps auparavant, au milieu d'un danger pressant, et qui résonnait encore dans l'air quand celle qui l'avait imploré avait péri dans le danger. En effet, Chrysis avait crié ce nom parmi les larmes et les sanglots ; elle avait crié, ma mère ! ma mère ! avec désespoir, jusqu'à ce qu'une main impure se fût posée sur ses lèvres et eût repoussé tous ces cris au fond de son cœur; puis l'anéantissement de la douleur les y avait retenus, et, à présent que Chrysis revenait à elle, ce cri lui revenait avec la voix, mais pas encore avec la raison. La jeune fille ne l'avait pas perdue cependant, mais le souvenir lui manquait. A ce mot : ma mère ! prononcé par Chrysis, Silia s'était écriée à son tour :

— Me voilà, Chrysis, me voilà !

Chrysis tourna son regard vers celle qui lui parlait ainsi, et ce regard, terne et inintelligent, qu'elle avait d'abord promené machinalement autour d'elle, s'illumina soudainement de toute son âme, de toute sa vie et de toute sa douleur.

Oh ! que ceux qui disent qu'il n'y a pas en nous un hôte divin, un esprit suprême et impalpable, mais peut-être visible, n'ont-ils été témoins de cette lumière soudaine qui éclaire le regard d'un être qui reprend sa raison. C'est le même œil, la même forme, la même matière, la même vie; mais avec un feu intelligent qui n'y était pas : ce feu ne s'appelle-t-il point l'âme ?

Quand Chrysis eut regardé ainsi sa mère et l'eut reconnue, elle s'en recula avec épouvante et se cacha la tête dans les mains en pleurant beaucoup. Quelque puissante que soit la douleur d'une jeune fille, elle trouve des larmes. Ce n'est qu'aux cœurs dévorés par les passions qu'appartient cette douleur sèche qui les brûle et les réduit en cendres.

Silia pleurait aussi parce qu'elle était faible, et faisait de vains efforts pour calmer la douleur de sa fille, se trompant sur le sentiment qui avait poussé Chrysis à se détourner de sa mère. Silia lui demandait pardon, lui disait de revenir à elle; Chrysis de son côté mêlait à ses sanglots des prières et des supplications; chacune implorait sa grâce de l'autre.

La mère fut la première à s'étonner de ce désespoir de sa fille, et, ne sachant à quoi l'attribuer, elle dit à Chrysis :

—Pauvre enfant, tu connais donc les ordres de Néron ?

Et, cette question faite, il s'en présenta mille autres à la bouche de Silia. — Qu'est devenu ton frère? où as-tu été arrêtée? qui t'a apporté la fatale nouvelle?

Mais Chrysis ne comprenait rien de tout ce

qu'on lui demandait, et Silia le vit à son étonnement. Mais alors Silia ne s'expliquait plus l'état dans lequel on lui avait apporté sa fille, et celle-ci ne s'expliquait pas les questions de sa mère. Cette confusion d'idées, entre deux femmes qui avaient tant à se dire, dura longtemps. C'était une suite de questions et de réponses qui ne s'adressaient pas et ne se répondaient pas les unes aux autres.

— Où le poëte Eumolpe t'a-t-il conduite? disait Silia.

— Oh! ne me forcez pas à vous le dire, répondit Chrysis.

— J'ai cru que le tribun Faustus vous avait donné asile. N'est-ce pas chez lui que tu as été arrêtée?

— Je suis donc arrêtée?

— Tu ne te rappelles pas que des soldats sont venus te chercher?

— Non, c'est Eumolpe qui m'a dit que vous me demandiez, et c'est pour cela que je l'ai suivi.

— Et où l'as-tu suivi?

— Il m'a dit que c'était dans ta maison.

— Dans ma maison ?

— Ah! j'ai reconnu sur-le-champ que ce n'était pas la maison de ma mère. — Et les larmes revinrent dans les yeux de Chrysis. J'ai voulu m'échapper, mais on m'a retenue de force. — Et Chrysis se prit à sangloter.

— On m'a retenue malgré mes cris, et alors...

— Les larmes et les sanglots de Chrysis éclatèrent avec une nouvelle violence, et elle n'eut plus la force que de s'écrier :

— Oh, ma mère! ma mère! en se voilant le visage de ses deux mains.

Silia comprit : mais elle repoussa aussitôt la supposition qui lui vint à l'esprit. Imaginer un pareil malheur s'il n'était pas vrai était presqu'une profanation de la jeunesse de sa fille. Mais à l'aspect de cette douleur persévérante, qui ne s'apaisait point et qui se cachait avec honte au regard d'une mère, il fallut bien que Silia cherchât à s'expliquer d'où naissait cette douleur.

Ce n'était pas, comme elle l'avait supposé d'abord, le désespoir d'un enfant en présence de la mère qui l'a repoussé, et qui était devenue pour celle-ci le plus cruel reproche qui pût lui être adressé ; ce n'était pas non plus l'effroi causé par une arrestation que Chrysis semblait ignorer et dont par conséquent elle ne pouvait connaître ni la cause ni les suites. Qu'était-ce donc ? A cette question que s'adressait Silia, sa pensée lui faisait toujours la même réponse.

Alors, immobile à son tour devant sa fille, elle la contempla longtemps tandis que celle-ci pleurait. Oh! quel regard que celui de Silia! Quelle horrible et muette interrogation ! Comme elle parcourut des pieds jusqu'au visage, lentement et pli à pli, ce vêtement de vierge si blanc et si uni, maintenant tout froissé et souillé ! Comme elle devina l'horreur de la lutte à ces cheveux en désordre! comme chaque trace de violence se montra aux yeux de la mère dans les meurtrissures des mains de la fille ! et enfin à quelle effroyable certitude elle arriva lorsque, écartant soudainement les mains de Chrysis, pour interroger son visage qu'elle cachait, elle s'écria l'œil en feu et le sein palpitant :

— C'est donc vrai !

— Oui, ma mère, répondit Chrysis désespérée.

Silia répondit aussi à cet aveu; mais ce ne fut point par des paroles; il s'échappa du sein de la mère un cri sourd et profond, un rugissement de lionne, une promesse de vengeance. Ce n'était plus cette noble et douce Silia, femme facile au plaisir, amoureuse des élégants propos des jeunes patriciens, qui souriait aux regards qui la priaient et lui disaient qu'elle était belle : ce fut tout à coup une autre femme ; indignée, furieuse, implacable; et son premier mot à sa fille, après sa terrible révélation, fut celui-ci.

— Ah! tu vas me dire tout!

— Ma mère, ma mère! Ah! que puis-je vous dire ?

— Tout, enfant, je veux tout savoir, tout!

— Je n'oserai jamais!

— Eh! comment veux-tu que je te venge ?

A cette parole la jeune fille se leva sur son séant et contempla sa mère avec reconnaissance; son œil, naguère mourant, s'était ouvert avec joie et semblait aspirer par le regard la sombre expression du visage de Silia.

— Je vais donc te dire tout.

Elle s'approcha de sa mère; puis, au moment de commencer, elle jeta un regard furtif autour d'elle et reprit tout bas :

—Nous sommes ici en sûreté, n'est-ce pas? personne ne peut nous entendre ?

Silia sourit amèrement et fut sur le point de dire à Chrysis le nouveau malheur qu'elle ignorait; mais ce sentiment ne fit que passer dans son âme comme un éclair, et elle répondit?

— Parle, parle d'abord.

— Nous sommes arrivés à Nîmes ce matin.

— Je le sais.

— Nous avons demandé ta maison.

— Et ma maison ne s'est pas ouverte, et vous êtes allés au cirque, et vous êtes rentrés chez Faustus.

Après ?

— Après, mon frère ma quittée avec Eumolpe : Cnéius pour aller souper chez le duumvir, et Eumolpe...! mais qu'importe?

—Attends! s'écria Silia. Eumolpe n'avait-il pas reçu du sort une tablette qui portait vingt coups de fouet?

— Il est vrai!

— Silia se rappela le récit du duumvir, le convive absent, et la voix qui lui avait crié :— Silia, pourquoi ta porte est-elle restée fermée ce matin?

— C'était Cnéius! s'écria-t-elle.

— Cnéius.

—Cnéius qui a été frappé du fouet comme un esclave; Cnéius, mon fils Cnéius, Oh...!

Elle se redressa toute droite et appuya ses deux poings fermés sur son front!

Chrysis l'interrogea à son tour?

—Que dis-tu, ma mère; mon frère fouetté! mon frère...

— Non, reprit Silia d'une voix sombre; parle, parle : c'est toi qui dois tout me dire.

—Mais mon frère...

—Ton frère... je ne sais encore : mais toi, Chrysis, d'abord parle, parle!

La détermination de Chrysis s'était presque épuisée à ce changement soudain d'anxiété que chaque parole faisait aller d'un malheur à un autre; elle répondit donc d'un ton accablé:

— Eumolpe! le misérable rentra dans le palais de Faustus. La nuit était fermée, et j'attendais le retour de Cnéius.

— Viens, me dit-il, j'ai rencontré ta mère, je lui ai appris ton arrivée et elle veut te voir et t'embrasser sur l'heure.

Te voir et t'embrasser! tu comprends, ma mère, je ne réfléchis à rien, je ne demandai point à Eumolpe pourquoi il n'était pas au festin du duumvir, si c'était là qu'il t'avait rencontrée, si tu avais quitté le festin pour moi; je le suivis joyeuse, bien joyeuse, innocente, pure! O ma mère, si je t'avais rencontrée alors, ma mère! Mon père était si fier de moi!

Chrysis se prit à pleurer, et Silia sentit des larmes venir à ses yeux, larmes de repentir, qu'elle refoula pour ne pas se sentir faible, même contre sa conscience.

— Tu suivis Eumolpe?

— Oui; il me guida à travers les rues obscures; je connaissais à peine ta maison; mais s'il avait fait jour je l'aurais reconnue, j'aurais bien vu que ce n'était pas ta maison où ils me conduisaient.

— Je le crois... après!...

— Je marchais avec confiance; j'étais si heureuse! je lui demandais si tu l'étais aussi.

— Après... après!

Chrysis racontait ainsi tout ce qui avait précédé son malheur, et Silia voulait tout de suite le connaître. La fille, épouvantée de ce qu'elle allait dire, s'attachait par la parole aux derniers moments de son existence pure; la mère, avide de vengeance, voulait entendre le récit du crime; elle sentait qu'elle y puiserait une nouvelle colère.

— Achève, Chrysis, achève, nous sommes seules, et tu parles devant ta mère. Enfin dans quelle maison te conduisit Eumolpe?

— La femme à qui elle appartient s'appelle Pannychis.

— Pannychis!

— Oh! j'en suis sûre, ce nom a retenti trop cruellement à mes oreilles; je l'ai assez entendu prononcer au milieu de mes cris. Elle s'appelait Pannychis, un autre se nommait Curion, un autre Publius Sextus, et enfin le détestable débauché...

Chrysis s'arrêta.

— Celui-ci, comment se nommait-il?

— Métellus !

— Métellus ?

— Tu le connais ?

— Je les connais tous !

Silia s'arrêta aussi, puis elle reprit :

— Mais quand tu es entrée, ils étaient donc déjà ivres, furieux ?

— Ils étaient couchés autour de la table, et la femme qui était de ce festin s'écria dès qu'elle me vit entrer : Voici, Métellus, la belle fille que tu prétends enlever à Faustus.

— A Faustus ? dit Silia.

— Oui, ma mère ! cette femme prétendit que j'étais la maîtresse de Faustus ; elle dit que pour moi Faustus abandonnerait...

Chrysis s'arrêta encore, et la pudeur, qu'elle n'avait plus pour elle, vint rougir son visage pour sa mère.

— Elle a dit que pour toi Faustus abandonnerait Silia... Oh ! plût au Ciel qu'elle eût dit vrai, tu étais digne de lui, toi, tu méritais ce noble époux... Mais les infâmes qui t'ont déshonorée... car tu ne m'as pas tout dit.

— Hé! que voulez-vous donc que je vous dise, ma mère! que je leur ai crié qui j'étais, et qu'ils ont ri de mes paroles; que je les ai suppliés, et qu'ils ont ri de mes prières ; que j'ai pleuré à leurs pieds, et qu'ils ont ri de mes larmes ; que j'ai voulu fuir, et qu'ils m'ont arrêtée; que j'ai voulu me tuer, et qu'ils m'ont arrachée le poignard que j'avais dans les mains; que je me suis débattue et tordue dans les bras de Métellus, et que le ciel que j'invoquais n'est pas tombé sur sa tête; que j'ai espéré mourir quand la force m'a quittée, et que je ne suis pas morte et que vous retrouvez votre fille déshonorée et perdue... vous le voyez bien... O ma mère! ma mère! quand me vengerez-vous?

Silia ne répondit pas ; la poitrine gonflée de larmes de rage et de pitié, elle se tut, et sa fille lui répéta :

— Ma mère! quand me vengerez-vous?

Et Silia, secouant la tête avec désespoir et croisant les mains, lui répondit :

—Et si je ne peux pas te venger !

Son impuissance avait alors frappé Silia et elle semblait en demander pardon à Chrysis.

— Vous, Silia, vous ma mère, vous la veuve de Silanus !

— Et la prisonnière de Bibulus comme toi, la victime promise à Néron comme toi.

— Ma mère ! ma mère ! que dites-vous ?

— Regarde où nous sommes.

Chrysis vit alors l'étroite et misérable chambre où elle était, et ce fut à son tour d'écouter le récit de sa mère, l'arrivée de Vindex, les ordres de Néron, l'arrestation de Faustus, celle de Vindex, leur propre arrestation et celle de Cnéius, sans doute.

— Cnéius, dit la jeune fille, est-il libre ?

— Je ne sais.

— Ma mère, s'il est libre, Cnéius nous sauvera. Cnéius nous vengera ! Si Cnéius vit, nous pouvons espérer.

— Un enfant contre l'empire entier, Chrysis; il succombera, s'il n'a déjà péri.

Et toutes deux, accablées de leur malheur, restèrent muettes en face l'une de l'autre, la tête baissée, méditant sans doute la même pensée, celle de mourir. Chacune plus forte dans cette résolution par la présence de l'autre; chacune trouvant du courage, la mère dans l'exemple qu'elle devait à sa fille, la fille dans la réparation qu'offrirait sa mort aux yeux de sa mère.

Cependant toutes les émotions de cette journée n'étaient point terminées, et Silia ainsi que sa fille devaient en subir de plus douloureuses peut-être que celles qu'elles avaient éprouvées. La plus terrible des douleurs ne vient pas toujours en effet des malheurs au milieu desquels les affections restent pures et honorables. Mourir ensemble, frappées par un désastre plus fort que la volonté, était affreux sans doute; et si Cnéius se fût trouvé entre sa mère et sa sœur, le voir mourir avec elles fût devenu un désespoir de plus pour ces deux femmes; mais ce désespoir n'eût pas été si pénible que de croire à l'abandon et à la lâcheté de Faustus, et cette dernière souffrance ne fut point épargnée à Silia.

VIII.

Comme nous l'avons dit, Cnéius était ressorti du palais du duumvir, accompagné d'un licteur, d'un décurion et de quelques soldats. Son espérance était, pour le moment, de surprendre chez eux les infâmes qui avaient outragé sa sœur. Il comptait de leur part sur une résistance quelconque et se promettait d'en tirer parti pour les frapper impitoyablement. Certes, ce n'était pas là tout ce qu'il eût voulu tenter. Son premier but était le salut de sa mère et de sa sœur; mais dans l'impossibilité où il était de les sauver, il cherchait au moins la vengeance comme une misérable compensation à son malheur. Cette vengeance sembla lui échapper encore. Arrivé chez chacun des coupables, il trouva qu'ils n'avaient point reparu dans leur maison; et enfin lorsqu'il pénétra chez Métellus, celui-ci venait d'en partir avec les amis auxquels il avait voulu donner asile.

Cnéius ne fut pas longtemps à découvrir le lieu de leur retraite. Ils s'étaient audacieusement retirés dans le camp de la dixième légion. Assurément si Faustus eût été libre, ils n'eussent pas osé aller se livrer ainsi à la merci de soldats qu'il aurait commandés. Mais l'un des convives de cet infâme festin, Publius Sextus, dont nous avons parlé, ayant appris du décurion l'accusation qui pesait sur Faustus, crut pouvoir promettre à ses complices la protection des soldats.

Lorsque Cnéius apprit que les coupables s'étaient réfugiés dans le camp, il voulut les y poursuivre sur-le-champ, et le licteur qui l'accompagnait lui jura qu'il saurait faire exécuter l'ordre des magistrats, fût-ce au milieu d'une armée. Mais le décurion haussa les épaules à cette bravade.

— Ils te chasseront du camp, toi et ce jeune homme, leur dit-il, avec les verges de tes faisceaux. Il faut une autorité plus grande que la tienne pour les faire obéir, si toutefois ils y consentent.

Cnéius frappé de cette assertion répondit :

— Eh bien ! je saurai leur imposer cette autorité.

Et sur-le-champ il se fit reconduire au palais du duumvir.

Lorsqu'il y arriva, l'entretien de Bibulus et de Fortunata durait encore; on peut juger par les dernières paroles qu'ils se disaient, quels avaient été les aveux qu'ils avaient osé se faire

— Ainsi, disait Fortunata, tu m'abandonneras Silia.

— N'oublie pas que Néron l'attend.

—Oh! ne crains rien, je ne torturerai que son cœur, et je suis sûre que dans ce moment il souffre un supplice que tu ne peux imaginer.

— Je devine combien il doit être cruel, à la joie que tu en éprouves; mais que peux-tu faire de plus que de lui avoir mis sous les yeux sa fille dans le triste état où elle était.

— Si tu comprends ce que Silia doit souffrir par l'infamie dont sa fille est innocente, ne vois-tu pas ce qu'elle a encore à supporter par l'infamie dont son fils est coupable. Oublies-tu qu'il a soif de livrer sa mère et sa sœur à Néron?

— Et tu l'y aideras?

— Oui, sans doute, car pour moi ce sont des ennemies que ces deux femmes; mais pour Cnéius qui les livre, l'une est sa mère, et l'autre sa sœur.

— Tu es déjà pressée de leur apporter la nouvelle de cette lâcheté.

— J'y vais, dit Fortunata.

En ce moment arriva un soldat que le décurion avait expédié en avant pour apprendre au duumvir ce qui s'était passé, et lui donner ainsi le temps de réfléchir sur le parti qu'il devait prendre, avant l'arrivée de Cnéius.

Fortunata saisit cette circonstance aux cheveux, et dit à son mari : il faut écouter Cnéius, et il faut que sa mère et sa sœur puissent attester à Néron que nous n'avons rienfait que d'après la demande de ce noble jeune homme.

Aussitôt elle ordonna qu'on amenât Silia et Chrysis, et qu'on introduisît Cnéius dès qu'il serait de retour au palais.

Le dessein de Cnéius, comme celui de tout homme décidé à tenter la fortune jusqu'au bout, s'était modifié selon la nouvelle circonstance qu'il avait rencontrée. Mais au lieu de diminuer dans le résultat qu'il espérait en obtenir, il embrassait maintenant, non-seulement la vengeance de sa sœur, mais encore son salut et celui de sa mère.

Il était donc résolu à continuer le rôle infâme qu'il avait commencé, et ce fut dans cette intention qu'il arriva devant Bibulus. La présence de sa mère et de sa sœur le frappèrent d'un coup de foudre ; Cnéius sentit son courage défaillir, et s'il lui avait fallu le premier dire la raison pour laquelle il venait réclamer l'autorité du duumvir, il n'est pas douteux qu'il n'en eût pas eu la force; mais une autre lui ayant jeté cette infamie sur la tête, il retrouva le courage de la supporter. Fortunata, égarée par sa haine pour Silia, et croyant à la résolution sincère du jeune homme, expliqua le trouble de Cnéius par la honte qu'il avait d'exposer ses projets devant sa mère et sa sœur, et elle se chargea de le faire pour lui.

— Eh bien! dit-elle à Cnéius, as-tu trouvé les infâmes débauchés, qui, selon tes paroles, ont osé porter une main sacrilége sur la vierge destinée au divin César? Pourras-tu les punir, ainsi que tu l'as dit, d'avoir attenté aux plaisirs réservés à Néron; et te vengeras-tu de ce qu'ils ont renversé à sa première pierre, la fortune que tu comptais élever sur les faveurs dont ta mère et ta sœur vont bientôt jouir à Rome?

Silia demeura stupéfaite à ces paroles, tant était odieux le sentiment qu'elles lui révélaient. Chrysis ne comprit point ce qu'elles voulaient dire: elle connaissait si bien Cnéius que le discours de Fortunata vint à son oreille comme un bruit mêlé de mots infâmes, mais qui ne pouvaient se rapporter à rien de possible; elle ne comprit pas davantage la pâleur et l'anxiété de sa mère, lorsque celui-ci s'écria :

— Dois-je croire ce que je viens d'entendre Cnéius? Cette femme ne se joue-t-elle pas de mon désespoir? Est-il vrai que tu aies pensé...

Cnéius avait eu le temps de reprendre sa résolution. Quelque effroyable que fût la voie dans laquelle il était engagé, elle était encore la seule qui lui fût ouverte et il y persévéra, malgré tout ce qu'il allait causer de douleur à ceux qu'il voulait sauver.

— Oui, Silia, dit-il, je veux avoir vengeance de ceux qui ont outragé la vierge destinée à Néron. Néron est le représentant des dieux sur la terre : maudits soient ceux qui ne courbent pas un front docile devant ses volontés; périsse par son ordre, celui qui ne prêtera pas tout son pouvoir à leur accomplissement! maintenant voici pourquoi je suis revenu ici. Les coupables se sont enfuis dans le camp de la dixième légion. L'autorité d'un licteur eût été insuffisante pour arracher ces misérables du milieu des soldats; mais la tienne, Bibulus, obtiendra l'obéissance qui nous eût été refusée, et je viens te demander de m'accompagner dans le camp.

Le duumvir fronça le sourcil à cette étrange demande ; mais Fortunata s'empressa de s'écrier :

— Ce jeune homme a raison, il faut le suivre et l'aider à venger l'insulte faite à César; car c'est César dont il prend la cause en ce moment, ce n'est point sa sœur dont il s'occupe; toute autre, insultée comme elle, trouverait en lui la même chaleur.

Cnéius devina l'intention de Fortunata et ne craignit pas de pousser plus loin qu'elle son horrible supposition, pour assurer son succès:

— Tu te trompes, Fortunata, lui dit-il, si César eût choisi, pour ses plaisirs, toute autre femme que Chrysis et Silia, je n'eusse peut-être pas défendu avec tant de chaleur le choix qu'il avait fait. Mais quand un bonheur si grand échoit à une famille, malheur à celui qui ne poursuit pas les infâmes qui le lui ont peut-être fait perdre!

Si les paroles de Cnéius n'avaient prouvé

qu'il exprimait des pensées nettement raisonnées, Silia eût douté de la raison de son fils. L'indignation qui la tenait muette éclata enfin, et, levant les mains sur la tête de Cnéius, elle s'écria !

— Misérable ! tu as volé le nom que tu portes, tu ne peux pas être le fils de Silanus, tu ne peux pas être mon fils !

— Cnéius ! Cnéius ! s'écria sa sœur, déments tes paroles, la douleur t'a rendu insensé.

Cnéius se détourna sans répondre.

— Tu te caches ! reprit Silia, mais il n'y a pas d'obscurité si profonde que l'éclat d'une telle infamie ne la perce bientôt. Fortunata elle-même s'en étonne dans sa haine, et j'ose jurer que Néron en frémira dans ses orgies. Mais ne comptes pas que tes exécrables projets te réussissent; la mort me délivrera de l'infamie à laquelle tu me réserves, et du désespoir d'avoir enfanté un monstre tel que toi !

— Fortunata ! s'écria Cnéius, avec une force qui prenait son origine dans l'horrible effort qu'il faisait sur lui-même, Fortunata, je te rends responsable de la vie de ces deux femmes; et si, par ta négligence, il leur arrive le moindre mal, tu en répondras à Néron. Et maintenant, Bibulus, es-tu prêt à me suivre?

— Va, va, répliqua Fortunata, ta mère et ta sœur vivront, je te le jure; tu leur prépares un trop bel avenir pour que je veuille le leur laisser perdre.

A peine ces paroles furent-elles prononcées, que Cnéius, suivi de Bibulus, sortit de la salle; et que Silia et Chrysis, à qui on enleva, en les enchaînant, la possibilité d'attenter à leurs jours, furent transportées dans leur prison.

Nous ne nous attacherons point à peindre le désespoir de cette mère qui, après avoir retrouvé sa fille déshonorée, ne revoyait son fils que pour reconnaître en lui le plus méprisable des esclaves de la tyrannie de Néron. On citait beaucoup d'exemples d'une bassesse inouïe, et l'histoire du sénateur qui s'endormait sur son lit pendant que Néron s'emparait de sa femme, dans la salle même du festin, était connue de tout le monde. Mais jamais servilité plus infâme ne s'était montrée avec tant d'impudeur et dans un âge si jeune.

Silia ne trouvait point de paroles assez puissantes pour ses malédictions, et Chrysis ne savait que répondre par ce mot qu'elle répétait sans cesse :

— C'est impossible, c'est impossible !

Cependant Bibulus avait pris les huit licteurs qui le précédaient d'ordinaire dans les circonstances solennelles, et il s'était directement rendu au camp de la dixième légion, accompagné de Cnéius.

Déjà le bruit de l'arrestation de Faustus s'était répandu dans le camp et y avait semé un mécontentement que les coupables avaient essayé de tourner à leur profit ; les portes avaient été fermées, mais lorsqu'on vit le duumvir s'avancer seul avec quelques licteurs, elles lui furent ouvertes ; les soldats étant assurés de prévenir l'arrestation de Publius Sextus, si le duumvir voulait la tenter malgré leur résistance. La discipline était déjà perdue dans l'armée, et soit qu'ils dussent livrer ou sauver un de leurs officiers, les soldats étaient contents de pouvoir lui faire sentir que sa destinée dépendait de leur seule volonté.

Lorsque le duumvir eut pénétré dans le camp, il se rendit au tribunal qui était élevé à une des extrémités, et les soldats accoururent de tous côtés pour entendre ce qui allait leur être dit. Cependant Bibulus avait ordonné qu'on fermât les portes du camp, pour que personne ne pût sortir. Les soldats avaient permis que cet ordre fût exécuté voulant ainsi se rendre maîtres et de ceux qui devaient être arrêtés et du duumvir lui-même.

Quand celui-ci fut arrivé à l'endroit d'où il voulait haranguer les troupes, il monta sur le tribunal, et Cnéius se plaça à côté de lui.

La moralité de toute multitude interpellée au grand jour n'est jamais douteuse. Aussi le duumvir fut-il écouté avec faveur lorsqu'il s'exprima ainsi :

— Si j'étais venu dans ce camp avec les ordres de César à la main, je ne vous aurais point dit ce que j'y venais faire ; votre devoir et le mien sont une obéissance absolue aux volontés de l'empereur, et si elles avaient ordonné l'arrestation de Publius Sextus, de Metellus et des autres à qui vous avez donné asile, il eût suffi de vous les dire pour qu'elles eussent été entendues. Mais c'est sur la plainte d'un simple citoyen que je dois m'emparer des coupables, et je n'oserais le faire si le crime qu'ils ont commis n'était à la fois le plus lâche et le plus épouvantable. Ce jeune homme que vous voyez à côté de moi est le fils de Silanus. Il est arrivé hier à Nîmes avec sa sœur, et a reçu l'hospitalité chez Faustus; mais tandis que celui-ci était dans mon palais, et que ce jeune homme était absent, un infâme émissaire s'est introduit dans la maison de Faustus, a emmené la jeune fille, sous prétexte de la conduire chez sa mère; et, grâce à cette ruse odieuse, il s'est fait suivre par la malheureuse vierge chez une courtisane, et il a livré l'innocence aux entreprises criminelles de la débauche.

Un murmure d'étonnement courut parmi les soldats, et quelques voix commencèrent à accuser hautement les jeunes patriciens.

Publius Sextus qui sentit que son action,

montrée sous son véritable point de vue, le compromettait gravement, monta sur le tribunal pour parler à son tour.

— Soldats, s'écria-t-il, on vous trompe; il ne s'agit pas de venger une vierge de nos insultes, il s'agit d'arrêter les meilleurs citoyens comme l'est déjà Faustus notre tribun ; pourquoi Faustus est-il prisonnier, est-ce pour avoir voulu violer une jeune fille? non certes : que le duumvir vous le dise, et vous saurez pourquoi il en veut à ma liberté et à celle de mes compagnons.

— Rendez-nous Faustus, crièrent les soldats ; Faustus ! pourquoi Faustus est-il arrêté ?

— Faustus s'est révolté contre l'autorité de César, répliqua le duumvir.

— Et voici pourquoi il s'est révolté contre l'autorité de César, s'écria Cnéius en dominant le tumulte causé par la réponse du duumvir. Oui, citoyens, je suis le fils de Silanus, et Silanus s'est tué pour échapper aux ordres de Néron, qui l'avait condamné à combattre dans le cirque. Moi et ma sœur, ses enfants, nous avons fui de Rome ; mais les ordres du tyran nous ont poursuivis jusqu'à Nîmes. Ces ordres portaient que l'épouse de Silanus, sa fille et son fils seraient livrés à Néron, et c'est pour ne pas avoir voulu souscrire à ces exécrables volontés, que Faustus est arrêté.

Les soldats murmurèrent en se regardant entre eux, et en approuvant la conduite de Faustus.

—Maintenant, continua Cnéius, ce que le duumvir vous a dit est vrai ; oui, des infâmes ont outragé ma sœur, la fille du plus vertueux citoyen de l'empire. J'ai été demander leur punition au duumvir ; mais ce que vous ne savez pas, c'est dans quel esprit cette punition m'a été accordée : ce n'est pas pour venger l'innocence outragée. Non, soldats ! de si faibles intérêts n'occupent point les dignes magistrats de l'empire ; c'est parce que les imprudents avaient porté une main sacrilége sur les plaisirs de Néron, en déshonorant avant lui la fille du sénateur Silanus.

— Mais c'est ainsi que tu m'as demandé justice ! s'écria le duumvir.

— Oui, c'est ainsi que je t'ai demandé justice, reprit Cnéius ; parce que je n'aurais pas pu l'obtenir autrement. — Oui, soldats, reprit-il en s'adressant aux troupes qui l'écoutaient dans un étonnement silencieux, il m'a fallu employer cet abominable prétexte pour obtenir vengeance des misérables qui se sont réfugiés parmi vous. Eh bien! je vous demande justice d'eux, je vous demande justice du duumvir lui-même; le duumvir, si vous le laissez faire, va livrer ma mère et ma sœur pour un nouveau déshonneur, il va livrer Faustus, dont l'exemple vous montre ce qu'un noble citoyen pense des ordres de Néron; il va livrer le vertueux Vindex qui venait pour essayer d'affranchir la Gaule de l'odieuse tyrannie de ce monstre, et qui avait pensé qu'il suffisait d'un tel ordre pour exciter votre révolte. Vaillants soldats, laisserez-vous accomplir ce crime? laisserez-vous périr votre tribun? laisserez-vous mener au supplice l'illustre Vindex? laisserez-vous traîner au lit infâme de l'infâme Néron la pudeur outragée de la fille de Silanus?

Non ! Non ! Non ! s'écrièrent les soldats.

— Écoutez-moi ! s'écria le duumvir. César vous ordonne...

— Le César que va élire cette légion, s'écria Cnéius, m'ordonne de te tuer.

En parlant ainsi, il frappa le duumvir d'un coup de poignard, et les soldats, que les derniers mots de Cnéius avaient enlevés, et que l'idée d'élire un nouveau César séduisit soudainement, applaudirent au coup frappé par Cnéius.

— A Nîmes maintenant, à Nîmes ! s'écria-t-il, et que les richesses des favoris de Néron deviennent le partage de ceux qui vont renverser son exécrable pouvoir.

Nous n'essaierons pas de peindre le tumulte qu'excitèrent ce meurtre et ces paroles ; Cnéius n'eut pas besoin de désigner les autres victimes à la rage des soldats ; et Publius Sextus, Métellus et leurs complices, atteints au moment où ils cherchaient à s'échapper, périrent frappés par ceux mêmes qui, un instant auparavant, avaient juré de les défendre.

Toute la légion sortit du camp en désordre,

et Cnéius prenant avec lui quelques soldats, les entraîna sur ses pas vers le palais du duumvir. Malgré les remparts qui la défendaient, la ville, surprise ainsi à l'improviste, fut bientôt au pouvoir des soldats, et le palais du duumvir fut de même envahi.

Cependant la nouvelle d'un désastre, toujours plus prompte que ceux qui croient l'apporter les premiers, était arrivée à Fortunata dans son palais. Avant que les soldats y eussent pénétré, elle savait la mort de Bibulus, la révolte de la légion et la destruction qui menaçait sa demeure. L'idée de fuir lui vint d'abord; mais avant qu'elle eût pu rassembler quelques bijoux, le palais avait été investi et les portes en retentissaient sous les coups des soldats.

Assurée de sa perte, Fortunata voulut alors y entraîner son ennemie. D'après la recommandation de Cnéius, elle avait fait enchaîner Silia et sa fille dans une même prison; elle prit un poignard et courut dans cette prison.

Déjà depuis un moment Silia et Chrysis,

étonnées du murmure lointain qui venait jusqu'à elles, écoutaient attentivement sans deviner la cause de ce tumulte. Lorsque les coups redoublés des soldats eurent fait crouler les portes du palais, elles commencèrent à retrouver quelque espoir. Évidemment le palais était attaqué: et lorsqu'elles entendirent le tumulte des esclaves qui fuyaient, les vociférations des soldats qui les poursuivaient, elles ne doutèrent plus de leur salut. Ce fut à ce moment que Fortunata entra dans la prison ; son air hagard, ses cheveux en désordre, ses yeux sanglants, la manière dont elle referma la porte après elle, tout cet aspect du crime qui vient s'assouvir, dirent à Silia pourquoi Fortunata entrait dans la prison, et, par un mouvement instinctif la mère se jeta devant sa fille.

Ces deux femmes, Silia et Fortunata, se comprirent également; car Fortunata répondit à ce mouvement en disant à Silia :

— Soit, toi la première, ta fille ensuite.

Silia avança résolument sous le coup et reçut le poignard dans la poitrine ; mais l'amour maternel avait exaspéré Silia aussi loin que la haine avait emporté Fortunata, et avant que celle-ci eût retiré le poignard, Silia l'avait saisie au poignet avec ses dents et la tenait enchaînée. La lutte n'eût pas été longue, car Fortunata, malgré l'affreuse douleur de cette morsure, cherchait de l'autre main le poignard dans le sein de Silia, lorsque la porte se brisa, et Cnéius, suivi de Faustus, se précipita dans la chambre. Fortunata, qui venait de se dégager de la dent de Silia, tourna son poignard contre elle-même et tomba à côté de sa rivale. Cnéius et Faustus relevèrent la belle Silia dégouttante de sang, et la placèrent sur le lit où sa fille avait été déposée ; Silia rouvrit les yeux et reconnut Faustus et Cnéius. Elle appuya doucement sa main sur la tête de son fils qui s'était agenouillé près d'elle, et retrouva, pour dire adieu à Faustus, un de ces doux sourires autrefois si charmants et qui fut presque divin sur sa figure mourante. Elle essaya de parler, et ne put murmurer que ces deux noms :

— Faustus... Chrysis...

Le récit qui va suivre dira ce que devinrent

les divers personnages de cette histoire; mais ce qu'il faut toutefois apprendre au lecteur, c'est que cet événement fut le signal de la révolte générale des Gaules contre Néron, révolte qui eut pour chef ce Vindex, dont le succès tint à l'audace et à la présence d'esprit d'un enfant.

LES CHRÉTIENS.

LES SAINTES PUELLES.

I.

La nuit était profonde et calme, tout dormait dans cette partie de la ville de Toulouse qui avoisine la Garonne et qui maintenant est si populeuse. Aucun bruit ne se faisait entendre dans les misérables cabanes de chaume qui occupaient alors les abords de la rivière. Ce silence, quand on le rencontre dans la demeure du peuple, atteste que, pour quelques heures de moins, il a trouvé l'oubli de ses misères. La veille n'est joyeuse que dans la maison des heureux ; sous le toit du pauvre elle est un signe assuré de deuil et de détresse. C'est presque toujours la maladie, ou un travail extraordinaire qui fait briller une lumière tardive à la fenêtre d'une chaumière.

On aurait donc pu penser qu'à l'époque dont nous parlons, les pêcheurs et les bateliers qui habitaient cette espèce de faubourg, avaient obtenu de leurs magistrats la meilleure part de bonheur à laquelle puisse atteindre l'homme sans fortune ; du travail pour le jour et du repos pour la nuit. Cependant il n'en était pas ainsi : jamais la colonie de Toulouse n'avait été si affligée. Un homme venait d'y passer, et le souffle de cet homme, comme celui d'un vent pestilentiel, avait répandu la mort et l'épouvante dans les plus riches familles et dans les plus pauvres. Il avait fallu à cet homme la tête des plus nobles et le dernier écu du plus grand nombre ; le nom de cet homme était Caracalla, et ce nom emporte avec lui une telle idée de despotisme sauvage et de cruauté insensée, qu'il est inutile de raconter tout ce qu'il avait pu faire de mal partout où il avait paru.

Ce n'était donc pas ce calme repos de l'homme laborieux après le travail qui donnait à ces amas de cabanes dont nous avons parlé le silence et l'obscurité qu'on y remarquait. Un ordre des magistrats leur tenait lieu de sommeil; une espèce de couvre-feu avait été ordonné depuis quelque temps dans la ville de Toulouse.

En effet on parlait d'assemblées nocturnes, de réunions cachées qui se tenaient çà et là, et, dans l'impossibilité où on se trouvait de les surveiller ou de les surprendre, tant elles étaient adroites à se séparer ou à se réunir, on avait fait un crime d'avoir de la lumière chez soi au milieu de la nuit.

Cependant un espion crut remarquer, en parcourant cette partie de la cité, qu'une lueur se glissait à travers les ais mal joints d'une porte.

Cette porte était celle d'une maisonnette bâtie un peu à l'écart des autres et plus propre que la plupart d'entre elles. Un petit jardin, protégé par une haie, l'entourait, et il semblait que la population elle-même prît un soin particulier de cette maison. Jamais aucune immondice n'était déposée aux entours de cette blanche demeure; on eût dit qu'elle enfermait quelque chose de si pur que ce fût un temple dont on n'approchait qu'avec respect.

Cependant Cilo, c'était le nom de l'espion dont le métier était bien connu et qui en outre y joignait, selon l'occasion, celui de délateur; cet espion ouvrit la barrière de bois qui fermait la porte du jardin, s'approcha lentement de la porte de la maison et s'assura non-seulement que la maison était éclairée, mais qu'on y veillait. Il prit de nouvelles précautions pour éviter d'être aperçu, dans le cas où quelqu'un entrerait ou sortirait, car il n'ignorait pas que si la loi encourageait la délation en la payant à prix d'or, c'était à la condition pour le délateur de ne se point laisser surprendre.

Bien souvent les juges, après avoir condamné un homme sur la dénonciation d'un de ces infâmes, fermaient les yeux sur la vengeance que le condamné tirait du misérable, souvent par des moyens plus coupables que le prétendu crime qu'ils avaient puni.

Cilo tourna donc autour de la demeure qu'il venait de surprendre en contravention, et gagna une fenêtre basse et mal jointe par laquelle il pouvait voir ce qui se passait dans l'intérieur.

Quelques mots échangés l'avaient bien averti que plusieurs personnes se trouvaient dans cette maison, mais ils ne lui avaient dit ni leur nombre ni leur sexe.

Cilo eût craint de se rencontrer avec l'homme le plus faible, tant il était faible et lâche.

Petit, maigre, bossu, traînant ses membres exténués par la débauche, portant sur son pâle visage l'expression de sa basse férocité, le regard louche, le front chauve et déprimé; Cilo était un de ces êtres dont la forme dit l'âme. Son aspect était si repoussant, que ceux qui le rencontraient s'en détournaient avec dégoût, et que ceux qu'il abordait se reculaient avec effroi. Il ne pardonnait pas plus ce sentiment de répulsion physique qu'il faisait naître en ceux qui ne le connaissaient pas, qu'il ne pardonnait leur mépris et leur haine à ceux qui le connaissaient.

La joie de Cilo fut donc grande, lorsqu'il reconnut que cette modeste habitation n'était occupée que par trois femmes. Deux d'une beauté remarquable et fort jeunes, la troisième d'un âge plus avancé, mais d'une figure qui n'était pas encore flétrie; les deux premières pâles et chétives, la troisième d'une forte et riche constitution; les deux jeunes filles au maintien modeste et à la voix timide, la troisième à l'œil hardi et à la voix assurée.

Attaché comme un tigre aux barreaux de sa cage, lorsqu'il suit de son œil sanglant le curieux qu'il voudrait dévorer, Cilo pendu à l'étroite ouverture de la fenêtre, cherchait à distinguer quelles étaient ces femmes, et ce qu'elles faisaient à la terne lueur de la lampe qui les éclairait. Il vit d'abord qu'elles s'occupaient d'un travail de couture; le mouvement de leurs bras qui faisaient aller et venir l'aiguille avec activité, la blancheur de la toile qui était posée sur leurs genoux le lui eurent bientôt appris, bien qu'elles tournassent le dos à la fenêtre.

Cilo reconnut qu'il avait fait une mauvaise découverte; assurément ces femmes étaient en contravention, mais des femmes s'occupant la nuit d'un travail d'aiguille nécessaire sans doute au soutien de leur existence, trouveraient facilement grâce devant le magistrat.

Cependant telle était l'envie de Cilo de profiter de sa rencontre, ou plutôt tel était l'instinct de bête féroce de cet homme, qu'il resta suspendu à la fenêtre sentant, pour ainsi dire, qu'il y avait un crime à exploiter entre ces trois innocentes créatures. Toutefois le temps se passait et n'amenait rien de nouveau; le travail continuait avec assiduité, quelques mots s'échangeaient par intervalle, et, quoique Cilo pût les entendre, ils ne lui apprenaient rien de nouveau : c'était une question sur l'heure qu'il pouvait être, qui amenait une remarque sur la nécessité de se hâter.

Cilo commençait à désespérer de rien tirer de sa découverte, lorsqu'il entendit les pas d'un homme qui approchait de la maison.

S'il entre se dit Cilo, mon temps ne sera pas perdu ; un homme qui se rend la nuit dans une maison habitée par une femme âgée et deux jeunes filles, cela ressemble, à s'y méprendre, à ce qui se passe dans certaines maisons qui sont innocentes, parce que l'édile les connaît, mais que la loi punit sévèrement quand elles ne se sont pas soumises à son autorisation. Si j'ai le bonheur que celui qui arrive soit quelque jeune patricien à peine revêtu de la robe prétexte, cette maison et ce jardin seront à moi dans huit jours, car je saurai bien prouver qu'il y a corruption de l'innocence de ce jeune homme, de la part de ces trois femmes.

Une moitié du vœu de Cilo s'accomplit ; les pas qu'il avait entendus se dirigèrent en effet vers le maison, au flanc de laquelle il s'était attaché, mais lorsque celui qu'il attendait avec tant d'impatience se présenta dans la chaumière, Cilo reconnut avec regret que c'était un vieillard dont l'aspect ne lui permit pas même de chercher à arranger, selon cette circonstance, le projet d'accusation qu'il avait préparé un instant auparavant. Ce vieillard portait en lui une si sainte dignité, la sérénité de ses traits attestait un si profond repos de sa conscience, que Cilo comprit, malgré tout ce qu'il savait imaginer de détestable, qu'il était difficile de reprocher quelque chose de coupable à cet homme. Mais Cilo ne désespéra pas cependant ; il savait que dans les sociétés corrompues il y a deux sortes de crimes : ceux que la morale condamne éternellement, et ceux que les lois inventent pour avoir occasion de les punir. Les premiers n'étaient pas effacés de la loi, mais les seconds les y dépassaient de beaucoup, surtout sous un règne comme celui de Caracalla.

La veille de ces trois femmes était déjà un délit, la présence de cet homme chez elles devait nécessairement l'aggraver. Cilo attendit donc.

L'œil ouvert sur ces quatre personnages, il éprouvait ce pressentiment d'une bonne proie comme le chien dont la narine s'épanouit à l'odeur du gibier que son œil ne voit pas encore.

Quand le vieillard entra, les trois femmes se levèrent avec respect et le saluèrent, en l'appelant du nom de Saturnin. Celui-ci étendit les mains en les bénissant, et les deux jeunes filles s'agenouillèrent devant lui. L'autre femme resta debout, quoique son attitude montrât presque autant de respect que celle de ses deux jeunes compagnes.

Le vieillard, après avoir prononcé quelques paroles à voix basse, se tourna vers la femme qui n'avait pas plié le genoux, et lui dit :

— Ainsi donc, Véronique, vous avez aidé vos deux jeunes maîtresses dans leur œuvre pieuse, quoique vous condamniez les sentiments qui les ont poussées à l'entreprendre.

— Je ne condamne les sentiments de personne, répondit Véronique ; je garde les miens qui sont ceux de mes pères, comme mes deux jeunes maîtresses conservent précieusement les croyances qui leur ont été transmises.

— Tu dis vrai, Véronique, la noble famille des Faustus est l'une des premières qui se soit rattachée à la foi que le Seigneur m'a donné mission de propager sur cette terre de désolation : ce fut au temps de Néron qu'elle embrassa la divine religion du Christ, et depuis deux cents ans ses descendants lui sont demeurés fidèles.

— Et ils sont prêts à mourir pour elle, reprit l'une des deux jeunes filles d'une voix si douce et si timide, que ce mot mourir, dans cette bouche pure et ce corps frêle, sembla presque un acte de saint courage, tant il devait y avoir loin de cette jeunesse et de cette beauté à l'idée de la mort.

— Dieu éprouve quelquefois ses enfants, dit

Saturnin ; mais il les secourt dans l'affliction. L'histoire de votre famille en est la meilleure preuve; je n'ai point à vous l'enseigner. Mais vous n'avez pas oublié que cette noble Chrysis dont vous descendez ne trouva que dans les enseignements de notre religion la force de supporter l'ignominie d'un crime dont elle était cependant innocente; vous n'avez pas oublié non plus, que son époux votre aïeul, Faustus, ne parvint à mépriser les clameurs des méchants, qui riaient de ce qu'il avait épousé une femme déshonorée par des infâmes, que lorsque les saintes leçons de nos apôtres lui eurent appris que la vertu est d'autant plus grande devant Dieu qu'elle est plus méconnue parmi les hommes.

— Oui, mon père, dirent ensemble les deux jeunes filles.

Puis celle qui paraissait la plus jeune ajouta :

— Voyez le fruit de notre veille; la blanche robe de lin, que vous devez revêtir demain pour la sainte cérémonie de la Pâque, est presque achevée. Encore quelques moments de travail, et vous auriez pu l'emporter avec vous.

— Continuez donc, mes filles, dit Saturnin, car j'ai achevé mes visites et je sens le besoin de me reposer un instant.

Véronique présenta un escabeau à Saturnin, et les trois femmes reprirent aussitôt leur travail.

Ce peu de paroles avait suffi à Cilo pour lui ôter toute espérance. Il avait reconnu dans Saturnin l'humble évêque du petit nombre de chrétiens qui osaient professer publiquement une religion qui avait secrètement gagné la plupart des habitants des Gaules. Les persécutions n'avaient pas manqué aux chrétiens. Cependant ce n'était presque jamais que du sommet de l'empire qu'elles partaient. Lorsqu'un empereur ordonnait l'emprisonnement, l'exil ou le massacre des infortunés, les magistrats obéissaient; mais ceux-ci prévenaient rarement les ordres de l'empereur. En ce moment surtout Caracalla, plongé dans les rêves de guerre qu'il voulait promener en Germanie, s'occupait fort peu du gouvernement religieux de la Gaule, et celui qui en était le propréteur était loin de montrer aucune inimitié aux chrétiens. Il avait même poussé l'indulgence envers eux jusqu'à permettre à Saturnin de bâtir, non loin du fameux Capitole de Toulouse, une église étroite et pauvre où il prêchait sa foi à l'abri des insultes du peuple et de l'opposition des prêtres.

Cependant cette indulgence ne venait pas de ce que le propréteur pratiquât secrètement la religion du Christ : elle naissait de ce sentiment de respect que tout homme de bien a pour la vertu, quel que soit le soit le dieu qui l'inspire.

Sous ce rapport les premiers chrétiens méritèrent longtemps l'hommage de leurs ennemis les plus acharnés, et les persécutions qu'on leur fit souffrir vinrent plutôt de la haine qu'inspiraient leurs vertus à toute cette société corrompue, que de la crainte qu'on avait de leurs opinions et de la nouvelle religion qu'ils élevaient.

Parmi tous ces chrétiens, leur chef et leur précepteur Saturnin se faisait distinguer, autant par la supériorité de son esprit que par la pureté de sa vie.

Cilo les avait, et il savait aussi qu'une accusation portée contre lui devant les magistrats y serait d'autant plus mal accueillie qu'on permettait à Saturnin de faire au grand jour ce qu'il faisait en ce moment dans l'ombre de la nuit. D'un autre côté, la famille des Faustus avait joui toujours dans la province d'une grande considération; et les exactions de Caracalla, qui avaient réduit à la misère les dernières descendantes de cette noble maison, n'avaient pu altérer la vénération que leur jeunesse et leur résignation avaient inspirée. Le délateur en était donc à se demander s'il devait se retirer ou demeurer encore. L'instinct du mal le fit rester, et il écouta avec attention l'entretien qui continua entre Saturnin et les deux jeunes filles.

La plus âgée, qui se nommait Sidonie, s'adressant à l'évêque lui dit sans quitter des yeux l'ouvrage qu'elle tenait dans ses mains :

— Serait-ce une curiosité déplacée, mon père, que de vous demander si quelque événement extraordinaire vous a fait quitter votre demeure durant la nuit pour visiter vos frères et leur porter votre parole ?

— Ce n'est pas un événement extraordinaire qui m'a fait lever, de la terre où j'étais agenouillé, pour aller parmi mes frères. C'est une voix secrète qui m'a averti et qui m'a poussé, une voix qui m'a dit que l'instant d'une séparation que j'espérais être encore très-éloignée s'approche et arrivera bientôt ; et comme je crois que l'heure est venue où un autre que moi sera désigné par le Très-Haut, pour guider mes disciples dans la voie céleste qu'ils suivent avec moi, j'ai voulu les voir pour leur donner un dernier encouragement et pour leur dire peut-être un dernier adieu.

— Quel affreux malheur nous apprenez-vous ! reprit Valérie, la plus jeune des deux sœurs. Vous voulez nous quitter ; la voix du Très-Haut vous a-t-elle donc appelé à visiter d'autres contrées et à aller féconder dans d'autres climats les germes de la foi, qu'il y a déposés de toute éternité ? Cette voix céleste vous a-t-elle annoncé le but où doivent tendre vos pas ?

— Si j'en crois la sainte vision qui est descendue sur moi durant ma prière; je n'aurai point de voyage à entreprendre, et c'est en ces lieux que j'accomplirai le dernier acte par lequel un homme puisse témoigner de sa foi.

— Que voulez-vous dire ? reprirent les deux sœurs avec un étonnement douloureux; prévoyez vous quelque malheur ?

— Le malheur n'est que pour les criminels, mes filles.

— Il est aussi pour les abandonnés, mon père; et que deviendrons-nous s'il faut que nous perdions vos saints enseignements et votre noble exemple.

— Mes enseignements ont-ils si peu fructifié en vous qu'ils ne soient à l'abri d'un jour d'abandon où vous manquera la main du jardinier ? Quant à l'exemple que vous recevez de moi, mes filles, peut-être le Ciel m'a-t-il réservé la faveur d'en donner un plus grave que tous ceux que vous avez reçus jusqu'à ce jour. La couronne du martyre est sûrement trop brillante pour un front si humble que le mien ; mais j'espère que Dieu l'y placera pour que ses rayons illuminent la foi douteuse des uns et mette dans tout son jour la foi assurée des autres.

— Avez-vous donc quelque raison de craindre, dit Véronique, que le peuple ou les magistrats vous accusent et vous frappent? en avez-vous reçu avis de la part de quelque ami secret, ou s'est-on déjà porté contre vous à quelque acte de violence?

— Femme, répondit Saturnin, l'homme ne peut savoir ce qui est dans la volonté de Dieu, à moins que Dieu ne la lui manifeste.

— Je sais, je sais, reprit Véronique avec la rudesse qui accompagnait toutes ses paroles, un songe est quelquefois un bon avis, et il y a tels augures qui sont infaillibles ; mais cependant il ne faut pas accorder plus de créance à toutes ces choses qu'elles n'en méritent, et bien souvent j'ai rêvé que la maison brûlait, ce qui est un signe de richesse ; bien souvent des rats ont grignoté le bout de mes souliers, ce qui est un signe de mort, et je n'en suis pas plus riche et moins bien portante pour cela.

— Silence, dit Saturnin : comment pouvez-vous comparer les puérils mensonges de vos faux dieux aux saintes et augustes vérités que Dieu lui-même a annoncées à la terre?

— Eh! mon père, reprit Véronique, mes dieux y sont venus tout aussi bien que le vôtre, mais il y a plus longtemps seulement, et c'est pour cela peut-être qu'on commence à les oublier.

— Qu'ils viennent, ces démons (1)! s'écria Saturnin, en se levant avec un enthousiasme qui annonçait l'exaltation de son esprit, et je les réduirai au silence et je les enchaînerai à mes pieds.

(1) Les dieux du paganisme furent considérés par les premiers chrétiens, non point comme n'existant pas, mais comme des démons révoltés.

— Je le crois, je le crois, reprit l'imperturbable Véronique, car on dit que lorsque vous passez sur la place du Capitole pour vous rendre à l'église, les dieux du temple tremblent sur leur autel et que les oracles restent suspendus jusqu'à ce que vous soyez assez éloigné pour qu'ils n'entendent plus les mots magiques que vous prononcez.

— Si Dieu a accordé cette puissance à mes prières, reprit Saturnin, comment n'éclaire-t-elle pas l'aveuglement de ceux qui persévèrent dans l'erreur et le crime?

— C'est bon, c'est bon, répliqua Véronique; mais nous avons des magiciens qu'on a crucifiés bien avant votre Dieu, et qui ont un pouvoir bien plus grand. Il y en a un qui demeure à un mille d'ici, qui fait pâlir la lune à sa volonté et qui a changé la vieille femme du questeur en cigogne; si bien que tous les ans elle revient le jour de sa mort se percher sur le faîte de la maison de son mari, en poussant des cris lamentables.

— Ce n'est pas la première fois, reprit Saturnin, que j'entends comparer les œuvres de l'esprit des ténèbres à celles de l'esprit de lumière.

— Mais qui m'assure, ajouta Véronique, que c'est vous qui êtes la lumière et que ce soit...

— Silence, Véronique, dit Valérie, qui remarqua l'indignation de Saturnin, ne discutez pas des choses que vous ne comprenez pas. Écoutez comme nous en silence la parole du vénérable Saturnin; et souhaitez qu'elle puisse vous éclairer enfin comme nous.

Véronique hocha la tête, mais elle se tut sans rien répliquer. Sidonie ajouta alors :

— Dites-nous, mon père, où vous avez entendu cette voix céleste qui vous a donné cet avertissement que je n'ose appeler fatal puisqu'il vient du ciel, mais qui, s'il se réalise, n'en sera pas moins une affliction pour vos enfants.

— Je vous l'ai dit, mes filles; j'étais à genoux sur la terre de ma pauvre maison, et je priais le Très-Haut de m'inspirer, pour le saint jour de demain, des paroles persuasives et qui parlassent dignement de sa gloire. Mon esprit, tendu vers le Très-Haut, me paraissait déjà comme séparé de mon corps; il me semblait être en présence de la majesté divine, invisible mais présente, que mon œil ne pouvait apercevoir à aucun endroit déterminé, mais qui m'inondait à la fois de toutes parts; une harmonie qui n'avait pas de voix distincte, mais qui résonnait dans tout l'océan de lumière qui m'enveloppait, me pénétra lentement, et avec une puissance qui fit frémir toute mon âme comme si elle eût été exposée à nu à ce contact divin ; puis, au milieu de cette harmonie, s'éleva un sens, car je ne puis appeler ni une voix, ni une parole, ce qui me manifesta la volonté divine en ce moment, je comprenais ce qui n'était pas dit, j'entendais ce qui n'était pas accentué, ou plutôt je participais à la vérité éternelle comme la goutte d'eau se mêle à l'Océan; et de cette immense et infinie sensation il résultait en moi une certitude que je vous traduis en langage terrestre, pour que vous puissiez la comprendre. — Gloire à toi, me disait cette conscience de ma mission, tu témoigneras par le sang ce que tu as témoigné par la parole. Tu éleveras ta tête parmi les saints, après avoir brisé tes pieds dans les rudes sentiers de l'apostolat; tu rentreras dans le foyer de la gloire de Dieu, après avoir été un de ses rayons lancés sur la terre pour l'éclairer ! — Oui, mes filles, j'ai senti cette sublime extase. Elle est un avertissement sacré, je n'en doute pas, et elle m'a inspiré une telle confiance que je croirais avoir démérité de la faveur du Très-Haut s'il me retirait les douleurs et les mortifications par lesquelles je dois arriver à cette gloire éternelle.

Pendant que Saturnin disait ces paroles, les deux jeunes sœurs l'écoutaient, immobiles et le regard fixé sur son regard qui retournait pas le souvenir au ciel où il avait été admis un moment, et qui emportait sur ses ailes de feu l'âme exaltée de ces deux belles vierges. Véronique elle-même, inhabile à comprendre le sens de ces paroles mystiques, s'était laissé dominer par l'expression du visage de Saturnin.

Il y avait dans cet homme une si noble foi, une si sincère participation à la divinité; tout son être respirait tellement le Dieu intelligent et excellent qui l'animait, que l'incrédule et la païenne elle-même se sentit prise dans ce rayonnement de la foi, et laissa marcher ses idées dans l'orbite de cette puissance religieuse, comme un astre qui obéit et tourne autour de l'astre supérieur qui le domine.

Mais tout ce pouvoir allait expirer comme une vague inutile contre la froide et stupide méchanceté de Cilo; il ricana en lui-même de l'enthousiasme de cet apôtre, de la foi des jeunes filles et de l'étonnement de l'esclave païenne. La première réflexion qui vint à l'esprit de cet homme fut un blasphème et une moquerie.

— J'ai bien envie de te montrer, se dit-il, que je fais mieux que prêcher les vérités de ta religion; car il me prend envie d'en donner des preuves sanglantes et irrécusables à ceux que tu appelles tes frères.

Mais les moyens d'exécution manquaient à la pensée de Cilo; il en revenait toujours à l'obligation de dénoncer comme suspectes des paroles que Saturnin aurait dites publiquement. Un mot qu'il saisit dans la suite de cet entretien lui montra la route par où il devait arriver.

En effet, après cette sainte inspiration de l'évêque, le silence avait repris dans la cabane; chacun, occupé de la haute et triste pensée de Saturnin, était resté abîmé dans ses réflexions. Le vieillard semblait encore en présence de la divinité à laquelle il avait été initié, et les deux jeunes filles paraissaient respecter sa présence, sans avoir le courage de lever les yeux, lorsque Véronique reprit d'une voix qui attestait combien l'exaltation de l'apôtre avait agi sur elle.

— Me permettez-vous, mon père, dit-elle (c'est la première fois qu'elle l'appelait ainsi), me permettez-vous de mêler un conseil inspiré par la prudence humaine à ces révélations sacrées par lesquelles votre Dieu se manifeste à vous?

— Parlez, ma fille, dit Saturnin pour qui le changement de langage de Véronique était moins un triomphe qu'il pouvait s'attribuer, qu'une preuve que le Seigneur le soutenait dans la rude tâche qu'il avait entreprise.

—Eh bien! mon père, répliqua Véronique, n'y a-t-il pas un moyen innocent, à tous les yeux sans doute, de prévenir le malheur dont vous êtes menacé? Il est bien simple, et tel que je puis le concevoir, mais j'ose assurer qu'il suffirait pour votre salut.

— Voyons, dit Saturnin en souriant.

—Eh bien! mon père, prenez un détour, changez de chemin.

—Que voulez-vous dire, s'écria vivement Saturnin en interrompant Véronique, que j'abandonne la voie qui mène au ciel?

— Ce n'est pas cela, répliqua Véronique que l'impatience de son caractère reprit à ce moment; je ne parle pas de la voie du ciel, mais de celle qui mène à votre temple. Pour y arriver, vous passez tous les jours sur la place du Capitole, devant le temple de Jupiter et de Diane, et tous les jours votre passage est marqué par quelque événement qui irrite au plus haut degré la colère des prêtres de nos divinités. Évitez de braver ainsi publiquement leur autorité. Le mécontentement qu'ils cherchent à semer contre vous parmi le peuple s'apaisera, et le malheur que vous semblez redouter ne vous atteindra point.

— Le seul malheur que je puisse redouter, répondit Saturnin, c'est de ne pas être jugé digne, par le Seigneur, du saint martyre qui m'est promis, et j'encourrais cette disgrâce, si je suivais les coupables conseils que tu me fais entendre, mais que je te pardonne; car tu ne comprends pas ce qu'ils ont d'offensant.

—Cependant, mon père, se hasarda à dire timidement Valérie, cette précaution serait si peu de chose...

— Peu de chose! reprit Saturnin avec sévérité, peu de chose! je ferais reculer le Seigneur en ma personne devant ces idoles, qui sont la proie des démons! Fort de la parole de Dieu et de son appui, je n'oserais braver ses ennemis en face! mais c'est un courage que le soin de sa dignité impose aux plus vulgaires des hommes, et j'en manquerais lorsqu'il s'agit de la majesté divine et du triomphe de sa cause! Non, mes filles, non. Ce jour-ci, comme les autres, je passerai sur la place du Capitole, et si c'est à cette place que Dieu a marqué le terme de mes travaux, je serai fidèle à son appel, et il me trouvera prêt. N'oubliez pas non plus que je vous attends à l'église, et que c'est le saint jour où les chrétiens doivent se réunir à Dieu par la sainte cérémonie de la communion, et resserrer ainsi le lien sacré qui les attache les uns aux autres.

Saturnin se leva après avoir prononcé ces paroles. Il reçut des mains des jeunes filles la blanche robe de lin qu'il devait revêtir, et il sortit de la chaumière au moment où le jour allait poindre.

Aux premières lueurs blanchâtres qu'il répand sur la terre, Saturnin put remarquer un homme qui se glissait avec précaution le long de la haie qui bordait le jardin qu'il venait de traverser. Saturnin s'en étonna, mais il ne chercha point à savoir quel était cet homme, et celui-ci disparut bientôt à travers les maisons répandues sans ordre sur la rive du fleuve.

II.

Cet homme qui s'échappait ainsi dans l'ombre, était Cilo, à qui les dernières paroles de Saturnin avaient inspiré un projet qu'il brûlait de mettre immédiatement à exécution. Pour arriver à son but il quitta cette espèce de faubourg qui n'était habité que par des bateliers et des pêcheurs, et se rendit dans une autre partie de la ville qui n'était guère occupée que par des tisserands.

Il existe, entre les hommes qui vivent du travail de leurs mains, une différence qui s'est fait tellement remarquer à toutes les époques, qu'elle doit tenir à l'action constante des travaux auxquels ils se livrent. Ainsi il est remarquable combien tous ceux dont le métier a besoin d'un emploi violent des forces physiques, sont presque toujours d'un caractère plus fort, mais à la fois plus modéré que ceux qui ne doivent leur vie qu'à un travail sédentaire.

En même temps que les premiers épuisent pour ainsi dire dans cette fatigue corporelle la plupart des principes des mauvaises passions, les autres voient se développer dans le repos de leurs corps les désirs ardents et effrénés. Si quelquefois la brutalité devient le partage des premiers, les mœurs les plus dissolues s'emparent toujours des autres.

La science morale a voulu expliquer ce phénomène par l'isolement où se trouve le plus souvent le laboureur ou le batelier durant ses travaux, isolement qui amène presque toujours une méditation qui porte aux saines pensées ; tandis que les ouvriers, enfermés dans un atelier, voient se détruire en eux, par la discussion perpétuelle que leur réunion fait naître, les principes qui devraient les diriger.

L'art médical nous semble avoir mieux expliqué ce résultat par le fait du développement des forces musculaires chez les uns, qui finissent par absorber la partie sensible de l'homme attaché à de rudes fatigues, et par l'excitation du système nerveux produite par l'état sédentaire chez les autres. Les forces, loin de s'accroître par le travail, diminuent sensiblement dans les ateliers, et finissent par produire ces populations étiolées, hâves, débiles, mais chez lesquelles les passions de toute sorte s'enflamment avec une rapidité effrayante.

Quelle que soit la véritable raison de ce fait, il a été constaté dans presque tous les siècles ; et si Pausanias désignait le quartier des tisserands à Athènes comme celui où les mauvaises mœurs étaient arrivées à des excès que nous n'oserions raconter, Cilo savait aussi qu'il trouverait les mêmes dispositions parmi les mêmes hommes.

En même temps il faut ajouter à cette observation que les idées religieuses ont bien plus de prise sur les hommes dont la vie dépend d'un orage ou d'un beau jour, que chez ceux qui en peuvent froidement calculer les probabilités à la mesure de leur travail. Le batelier, le pêcheur, le laboureur, dont la richesse ou la pauvreté descend pour ainsi dire du ciel avec le vent, la pluie et les rayons du soleil, sont naturellement portés à tourner leurs regards vers ce grand inconnu qui habite cette haute sphère. Le tisserand ou le fileur, qui apprécient ce que chaque minute leur rapportera nécessairement, selon qu'ils voudront l'employer, semblent pouvoir se passer du secours d'en haut, et c'est presque toujours en eux-mêmes qu'ils mettent leur foi.

Dans ces dispositions communes à tous les siècles et à tous les hommes, on doit comprendre que la religion nouvelle eût fait plus de progrès parmi cette classe du peuple forte et laborieuse, et pour ainsi dire toujours en contact avec le Ciel, que parmi ceux qui n'attendaient rien de lui pas même la chaleur qui était contraire à leurs travaux, car les tisserands travaillaient dans des espèces de caves.

Cilo ne se donnait pas sans doute toutes ces raisons pour se rendre au quartier des tisserands; mais il savait que c'était là qu'étaient les hommes turbulents, querelleurs, pour qui le désordre était un appât invincible; il gagna donc une autre partie de la ville de Toulouse et se rendit dans une auberge, ce que nous nommons un cabaret, où déjà se trouvaient réunis la plupart des hommes dont il croyait avoir besoin.

Au moyen de quelque argent qu'il dépensa, Cilo eut bientôt lié connaissance avec eux. D'ailleurs, cet être difforme et débile, qui eût été ailleurs un objet de mépris et de dégoût, se trouva en compagnie d'hommes débiles et disgraciés comme lui, et à qui la haine de toute existence forte et vivace devait être naturelle. Ils s'entendirent donc bientôt, et chacun se plaignant de la misère du temps, plainte éternelle, éternellement vraie, Cilo assigna à cette misère des causes qui furent approuvées avec joie; car elles emportaient avec elles des motifs nouveaux de haine et des besoins de vengeance.

— Il n'est pas étonnant, disait-il, que les étoffes précieuses ne se vendent plus et que le commerce qui vous fait vivre soit si près de sa ruine. Voyez, tous nos magistrats réduisent leur dépense; chacun semble être satisfait d'un vêtement de bure ou de drap; la pourpre et la soie ne se voient presque plus que dans les cérémonies publiques : et pourquoi cela? parce qu'il plaît à quelques misérables qu'on appelle chrétiens d'exalter la pauvreté comme une vertu, et l'abstinence de toutes choses comme le premier mérite d'un homme.

Les ouvriers qui écoutaient cela, les coudes appuyés sur la table où Cilo leur avait fait servir du vin, approuvèrent ce raisonnement, et le misérable continua.

— Ce qu'il y a de plus triste c'est que ce

mal qui menace de réduire à la misère la plus cruelle une grande partie du peuple, et assurément la meilleure, vous tous, mes amis; ce qu'il y a de plus triste, dis-je, c'est que cet état de choses n'est dû qu'à l'influence d'un seul homme dont il serait si facile d'obtenir justice.

On regarda Cilo avec étonnement et on lui demanda le nom du magistrat qui était coupable.

— C'est moins que cela, dit Cilo, c'est un aventurier qui depuis sept ans s'est établi dans cette ville. J'en appelle à vous tous qui l'habitez depuis longues années; quel était le nombre des chrétiens à Toulouse à l'époque où il y est arrivé? Ce nombre se bornait à quelques misérables du port, ces bêtes brutes, sans intelligence, qui ne savent que manier une rame ou soulever un fardeau. A cette époque ce qu'étaient les chrétiens devait vous importer peu; mais aujourd'hui, grâce à l'effronterie de ce Saturnin, les plus nobles familles et les plus riches écoutent ses préceptes et les mettent en pratique. Quelques-uns ne craignent pas de le dire publiquement; le plus grand nombre n'ose encore professer tout haut la foi nouvelle ; mais ceux qui ne s'en vantent pas dans leurs paroles le témoignent par leurs actions. Que sont devenues les splendides réunions, où chacun luttait de luxe et d'élégance! Ah! c'était alors le bon temps. Quelques heures par jour d'un travail facile vous assuraient un digne salaire; tandis que maintenant vous voilà levés avant le soleil pour mettre vos métiers en mouvement, pour fabriquer des marchandises dont vous ne trouverez peut-être pas la vente.

C'est vrai, c'est vrai! dirent quelques voix ; si les riches se font chrétiens que deviendrons-nous ?

— Ce que vous deviendrez, reprit Cilo, je l'ignore; mais je puis vous dire qu'une nouvelle misère vous menace et que la dernière ressource qui vous reste est près de vous échapper.

— Parle, parle! s'écria-t-on de toutes parts.

— Ce que je vais vous dire, reprit Cilo,

est certain, et d'ailleurs vous pourrez en être témoins aujourd'hui même.

— Qu'est-ce donc, qu'est-ce donc? s'écria-t-on de tous côtés.

Cilo connaissait le pouvoir d'une attente adroitement aiguisée, mais à laquelle on ne donne pas cependant le temps de se fatiguer. Il se leva donc de son siége, et, s'appuyant sur la table de manière à se placer presque au centre de ses auditeurs, il leur dit d'un ton animé et d'une voix qu'il rendit familière comme s'il parlait à des amis :

— Voyons, camarades; qui est-ce qui vous achète encore vos précieuses étoffes, et quels sont les hommes qui les paient encore d'une manière convenable? Ce sont les prêtres de nos dieux, à qui le luxe des cérémonies commande les vêtements les plus riches.

— C'est vrai... c'est vrai! répétèrent les tisserands.

— Quelques autres aussi éprouvent le besoin de vos travaux : ce sont les hommes qui, fidèles à nos dieux, les honorent en paraissant richement vêtus, aux sacrifices et aux cérémonies; mais que deviendrez-vous si ces cérémonies disparaissent, ou si elles ne sont plus qu'un objet de risée et de mépris?

— C'est impossible! s'écria-t-on de tous côtés.

— Ah! vous croyez cela; mais ne savez-vous pas que, depuis quelque temps, les oracles se taisent, que c'est vainement que les prêtres les consultent, et que les dieux restent muets?

— Oui, on a entendu parler de ça, et ç'a été toujours le présage de quelque grande calamité.

— Vous savez aussi qu'aujourd'hui on prépare des sacrifices importants à Diane et à Jupiter, pour détourner leur colère. On espère que le sang répandu sur leurs autels les apaisera; il n'en sera rien, car on laisse vivre un homme qui s'est vanté de les faire taire.

— De faire taire les dieux?

— Oui, et cet homme est Saturnin; il a juré par les plus exécrables serments de passer aujourd'hui sur la place du Capitole et d'arrêter, au moyen des charmes coupables qu'il possède, la voix de vos oracles.

On se regarda avec étonnement, et on allait s'informer de Cilo des moyens par lesquels il avait appris ce secret, lorsque, prévenant une question qui l'eût embarrassé, il ajouta avec rapidité :

— Du reste je vous l'ai dit, vous en serez témoins si vous le voulez ; allez au temple et remarquez si, lorsque cet homme passera, il n'arrivera pas quelque chose d'extraordinaire.

— Et si ce maléfice arrive, est-ce que nos prêtres ne puniront pas cet homme?

— Et comment voulez-vous qu'ils le punissent, n'a-t-il pas su gagner la protection des magistrats? Sans doute, si les prêtres étaient assurés d'un appui tel que le vôtre, ils oseraient tenter de débarrasser la ville de ce misérable ; mais vous ne voudrez pas leur venir en aide.

— Toujours, toujours, s'écria-t-on! nous serons sur la place du Capitole à l'heure dite, nous y serons nombreux, nous y serons tout prêts.

Peu à peu les menaces contre Saturnin se mêlèrent à ces promesses, et l'excitation produite par le vin et les discours de Cilo alluma dans le cœur de ces hommes une colère qu'ils eurent bientôt répandue parmi tous ceux du quartier.

Dès que Cilo les vit dans les dispositions qu'il croyait favorables à ses projets, il quitta le quartier des tisserands et se rendit dans la demeure du grand-prêtre de Jupiter.

Celui qui occupait cette charge était un homme qui avait rempli dans la colonie les fonctions de questeur et celles de sévir, grâce à la noblesse et au crédit de sa famille ; mais son incapacité l'en ayant fait reconnaître indigne, on l'avait décoré d'un titre religieux, afin de satisfaire sa vanité. Mais le grand-prêtre, il se nommait Laërte, était mécontent de son partage ; ses fonctions ne rapportaient, à vrai dire, aucune autorité réelle, et il était jaloux de celle qu'il voyait exercer, autour de lui, par des hommes d'une moindre importance. Il avait essayé de s'attirer les suffrages du peuple par la pompe des sacrifices qu'il offrait aux dieux, mais les temples n'en demeuraient pas moins déserts, et s'il avait fait taire les oracles divins, ce n'était que pour faire comprendre que les dieux étaient irrités du peu de cas qu'on faisait d'un homme comme lui.

Lorsqu'on lui annonça la visite de Cilo, Laërte venait de régler les dernières dispositions des cérémonies qui devaient avoir lieu. Ce jour-là les dieux devaient se manifester; des augures favorables avaient annoncé depuis quelque temps qu'ils étaient sensibles aux offrandes de leur grand-prêtre, et l'oracle devait parler de façon à faire entendre au peuple que Laërte était un homme agréable au ciel, et que les affaires qui lui seraient confiées par le vote de ses concitoyens seraient protégées par les divinités.

Il fallut que Cilo changeât tous les plans formés par Laërte, mais l'esprit subtil et délié de cet homme appliqué à la lourde intelligence de Laërte, fit sur lui l'effet du levier attaché au flanc d'une pesante machine, il le fit tourner sans effort.

D'abord il lui persuada qu'il était l'amour du peuple, qui supportait avec impatience l'administration d'hommes qui avaient usurpé la place que seul il était digne d'occuper.

Il lui dit ensuite pourquoi ces hommes, en protégeant les progrès de la foi nouvelle, étaient devenus abominables à leurs concitoyens. Il répéta à Laërte, sous toutes les formes possibles, que le peuple n'avait d'espérance qu'en lui et qu'il était prêt à lui en donner un puissant témoignage, si lui-même voulait le provoquer. Il lui raconta ce qu'il avait déjà répandu, parmi les tisserands, des propos de Saturnin et de l'insolence avec laquelle il se vantait de faire taire les dieux.

A ces paroles Laërte sourit avec la suffisance qui ne manque jamais à la sottise, et lui répondit :

— Les dieux parleront quand je voudrai.

— Qui en doute? reprit Cilo. Mais si les dieux parlent, le peuple les croira apaisés.

et il ne s'alarmera plus ni des actions de ce Saturnin, ni de celles des hommes qui le protégent; mais s'il était vrai, comme il l'a dit aujourd'hui, que les dieux gardassent le silence devant lui, alors le peuple ne douterait plus du pouvoir ennemi de cet homme; il en serait bientôt puni, et, une fois la colère du peuple lancée contre Saturnin, il n'est pas douteux qu'il n'enveloppât dans sa vengeance les protecteurs avec le protégé.

Cette espérance parut sourire à Laërte, et il fit appeler celui qui présidait à l'ordre des sacrifices, et lui donna de nouvelles instructions. Ce n'est pas que Laërte partageât les espérances que Cilo cherchait à lui inspirer; mais dans sa vanité, il était flatté d'être, à quelque titre que ce fût, le mobile d'une démonstration populaire; et, sans compter pour rien l'innocence de l'homme qu'il allait exposer à la fureur des misérables excités par Cilo; sans s'occuper des malheurs que pouvait entraîner un mouvement si nombreux et qu'il était incapable de modérer, il entra dans les vues du délateur.

Celui-ci aimait le mal avec passion, et, entre une bonne action et une mauvaise, il eût toujours préféré la mauvaise ; mais cependant il ne voulait pas que sa méchanceté restât stérile et ne lui rapportât que la haine de ceux qu'il sacrifiait et le mépris de ceux qu'il croyait servir. Quand il vit Laërte engagé à faire réussir le plan qu'il avait formé contre Saturnin, il aborda la question de la récompense qu'il avait méritée. La réponse de Laërte fut telle que Cilo l'avait prévu, mais non point telle qu'il lui convenait de l'accepter.

— Tu auras, lui dit le grand-prêtre, les biens de celui que tu as dénoncé.

— D'abord, répliqua Cilo, les biens que possède Saturnin se bornent à la misérable maison qu'il habite et à la masure qu'il a décorée du nom de temple, et ce serait une récompense peu digne du service que je viens de te rendre ; mais tu oublies que cette récompense même me serait refusée. Ce n'est pas ici une accusation légalement portée devant les magistrats et de laquelle naît un jugement qui condamne le coupable à payer le prix de la délation ; c'est une tout autre affaire. Le peuple peut mettre Saturnin en pièces et démolir sa maison et son église sans qu'il m'en revienne une obole et sans que je puisse rien demander. C'est donc de toi seul que je puis recevoir ce qui m'est dû.

— Je comprends cela et je n'y avais point réfléchi, dit Laërte; mais alors je ne vois plus quel est mon intérêt à laisser éclater cet orage lorsque je puis le prévenir.

— Quel intérêt? reprit Cilo ; mais si celui qui t'a montré au peuple comme sa seule espérance retournait vers lui et disait: que c'est toi seul qui fais taire les dieux et que c'est pour ton ambition; s'il lui apprenait qu'au lieu de le servir, lorsqu'il veut te débarrasser d'un concurrent qui appelle à lui tous ceux qui brûlent de se dévouer à toi, tu faiblis et cherches un prétexte pour abandonner sa cause et la tienne; crois-tu que ce peuple volage ne se tournerait pas bientôt vers ce Saturnin qui prêche sans cesse que les hommes de rien sont les seuls honorables? Ne vois-tu pas que ce peuple lui portera les hommages que tu ne veux pas acheter par le plus léger sacrifice? qu'incessamment ce Saturnin arrivera aux charges que tu mérites, et ajoutera à l'humiliation que tu éprouves de te voir préférer des hommes qui n'ont ni ta naissance, ni ta fortune, ni ton savoir, l'humiliation de voir arriver un misérable étranger qui se rira de toi lorsqu'il sera enfin sur le tribunal où tu devais siéger?

— Mais qui peut dire cela au peuple? reprit Laërte tout stupéfait.

— Moi, répondit insolemment Cilo; moi, qu'il a chargé de venir vers toi et qui dois lui apporter ta réponse. Penses-tu donc que j'aurais osé t'aborder si je n'avais été l'interprète de la population?

Laërte ouvrit de grands yeux, étonné même au milieu de sa sottise, d'avoir été sans qu'il s'en mêlât l'objet de l'attention du peuple. Cet étonnement passé, il prit un air d'importance ridicule et répondit à Cilo:

— Et peux-tu me nommer les honorables citoyens qui ont ainsi compté sur moi?

— Cela sera-t-il prudent, répondit Cilo, lorsque rien ne me témoigne encore que tu approuves leurs projets et que tu leur prêteras ton aide?

— Et comment puis-je le leur apprendre?

— Ils croiront à la parole que je leur en donnerai.

— Vraiment! Eh bien, je t'autorise à leur dire ce que tu croiras convenable.

Laërte avait prononcé ces mots comme devant conclure son entretien avec Cilo. Mais celui-ci, au lieu de sortir comme Laërte s'y attendait, resta debout devant le grand-prêtre qui lui demanda ce dont il avait encore besoin.

— J'ai encore besoin, répondit Cilo, de pouvoir dire à ceux qui m'envoient : Non-seulement Laërte approuve vos projets, mais encore il ne veut pas que le service que vous allez lui rendre reste sans récompense, et

voici ce qu'il m'a chargé de vous remettre.
Si je pouvais parler ainsi et ouvrir une bourse
comme celle que je vois sur cette table et la
distribuer à mes auditeurs, ils ne douteraient
plus de tes intentions, et tu serais non-seulement l'honnête et le vertueux Laërte, tu serais le divin Laërte; et qui sait jusqu'où pourrait te pousser la faveur populaire exaltée
par ce léger sacrifice? Le divin Jules César,
qui fut comme toi grand-prêtre de Jupiter,
n'obtint pas autrement le consulat qui lui fut
tant de fois décerné, et s'il arriva à être dictateur, l'argent qu'il répandit fut son premier
mérite.

La folie des espérances qu'on peut inspirer
à un sot va toujours au-delà de ce que les
hommes ordinaires peuvent imaginer. Il n'y a
que l'astuce de ces misérables qui font commerce de flatterie qui sache qu'il n'en existe
pas de si grossière qui ne soit douce à celui
qui l'écoute. Ces mots de consul et de César
étourdirent Laërte. Il regardait Cilo comme
le seul homme qui lui eût rendu la justice

qui lui était due , et il s'écria dans un moment d'enthousiasme.

— Tu es l'homme que je cherchais. C'est un dieu qui t'a fait lire dans ma pensée. Ces habitants de Toulouse sont de stupides animaux qui ne mesurent les hommes que sur les misérables actes d'une magistrature rétrécie. Ils sont incapables de comprendre le génie d'un homme qui peut paraître inhabile à tenir le compte des dépenses d'une ville, mais qui saurait gouverner un empire.

— Et tu es l'homme que je soupçonnais aussi, s'écria Cilo de son côté. Voilà longtemps que je t'observe ; voilà longtemps que je te vois marcher dans tes projets de grandeur. Avec le misérable pouvoir qu'on t'a laissé dans les mains, tu es déjà parvenu à fixer tous les regards sur toi. Le silence des dieux, qui est ton ouvrage, a jeté l'épouvante dans Toulouse : juge, si tu avais un pouvoir plus direct, si tu disposais des légions ou des charges de la colonie, de ce que tu pourrais faire avec de tels moyens, lorsque tu as déjà tant fait sans autre ressource que ton génie. O Laërte, ne laisse pas échapper la gloire qui t'attend : c'est aujourd'hui le jour, ou jamais, d'y arriver. Je t'en supplie au nom du peuple, montre-lui qu'il t'a justement apprécié.

—Va donc, dit Laërte en prenant la bourse sur la table où elle se trouvait et en la donnant à Cilo; ajoutes-y encore ces présents, reprit-il en choisissant quelques joyaux dans une riche cassette où était religieusement enfermée, selon la coutume, la première barbe de Laërte et ce qu'il possédait de plus précieux. Va, et compte qu'aux jours de ma fortune je n'oublierai pas celui qui le premier a reconnu l'injustice de mes concitoyens envers moi.

Cilo s'éloigna aussitôt, mais il ne retourna point parmi les tisserands; il se retira dans la maison qu'il habitait et dans laquelle il enfouit l'or et les présents qu'il venait de recevoir. Il riait encore de la sottise de Laërte, lorsque la cupidité lui fit venir la pensée qu'il n'avait pas tiré de cet homme tout ce qu'il pouvait en avoir. Cilo se répéta tellement que

Laërte devait lui rapporter plus qu'il n'en avait reçu, qu'il se mit en quête de nouveaux moyens de le mettre à contribution. Mais il n'en put découvrir aucun de pousser cet homme à de plus grands sacrifices que ceux qu'il avait déjà faits, et peu à peu il arriva à concevoir l'idée d'exploiter contre lui les projets qu'il lui avait lui-même suggérés. La chose était possible : il suffisait d'une dénonciation aux magistrats, et de leur prouver que Laërte fomentait la sédition parmi le peuple. Mais cette preuve, difficile à fournir si la dénonciation arrivait avant qu'il se passât rien d'extraordinaire, devenait inutile lorsque la révolte aurait eu lieu. Cilo ressortit donc de sa maison, en se réservant d'agir selon les circonstances, et de choisir l'instant favorable pour perdre Laërte, du moment qu'il se serait compromis.

Il existe des caractères qui ont besoin d'être expliqués. Celui de Cilo calculant froidement ce que pourrait lui rapporter la mort de Saturnin, et plus tard peut-être celle de Laërte, paraîtrait aussi invraisemblable qu'odieux, si l'histoire ne nous en donnait des exemples.

Sous le gouvernement des empereurs le peuple romain était arrivé à un si profond degré de démoralisation, que le métier de délateur était devenu un état qu'on professait ouvertement. Mais ce qui dépasse beaucoup toutes les idées qu'on peut se faire de cette époque, c'est que cet état continua même quand il ne rapporta plus rien.

Plus tard un édit, qui voulait extirper la délation, condamna à mort tout citoyen qui en dénoncerait un autre. Cela n'arrêta pas ce vice devenu une passion, un délire; et on vit des hommes qui consentirent à payer de leur tête le mal qu'ils voulaient faire à leurs ennemis en les dénonçant. Cilo n'était peut-être pas de ces hommes; mais on peut juger de la facilité avec laquelle il pouvait se décider à faire le mal, lorsqu'il y trouvait son profit, lorsqu'on pense que d'autres payèrent de leur vie ce bonheur de nuire.

VI.

Cependant le jour était venu; et tandis que d'un côté l'étroite enceinte de l'église chrétienne se remplissait des fidèles, qui venaient célébrer la sainte Pâque, une multitude considérable se pressait sur la place du Capitole, et aux portes du temple de Diane et de Jupiter. Mais l'aspect que présentaient ces deux réunions était bien différent. Dans la première c'était un recueillement solennel, un humble silence, des vêtements pauvres, mais proprement et décemment portés; dans la seconde, une turbulence excessive, des cris insultants, des haillons étalés avec impudence.

Déjà les chrétiens voyaient se passer l'heure où leur évêque eût dû être arrivé; et, loin de murmurer de ce retard, ils ne faisaient que s'en alarmer. Le peuple, amassé sur la place du Capitole, montrait moins de patience, et appelait à grands cris le moment de la cérémonie.

Enfin les portes du temple s'étant ouvertes, une partie de la foule s'y précipita, et une autre partie resta sous le péristyle, et se répandit aux environs de la place. On pouvait facilement prévoir que le sacrifice ne devait pas s'accomplir dans le temple. Bientôt, et lorsque les prêtres se furent rangés autour de l'autel, on vit entrer par une porte latérale les sacrificateurs conduisant deux taureaux à l'œil sanglant, et que les entraves dont on les avait chargés contenaient à peine.

On adressa aux dieux les invocations accoutumées, et Laërte, ayant levé le long bâton d'ivoire qu'il tenait à la main, un sacrificateur frappa le premier taureau avec une lourde massue, et un second lui enfonça au côté gauche du cou un large coutelas d'airain : le sang qui coula de la blessure fut recueilli dans un vase sacré, et répandu sur l'autel des dieux.

A ce moment le temple gémit dans ses entrailles, les larges bouches d'airain que les prêtres savaient habilement ménager dans les piédestaux des statues rendirent un son formidable.

— Les dieux sont apaisés, et les oracles vont parler ! s'écria Laërte.

Puis le bruit recommença avec plus de violence. Toutefois, loin de produire la sainte terreur qui suivait d'ordinaire ce présage de l'approche du dieu, il sembla exciter un vif désappointement parmi ce peuple. Le fracas continuait, et les murmures de la foule s'y mêlaient, lorsque tout à coup, et comme si un prodige s'était opéré, tout ce fracas cessa subitement, et la consternation se peignît sur le visage des prêtres.

—Il y a des sacriléges dans ce temple! s'écria Laërte.

— Non pas dans ce temple, reprit dans la foule une voix que Laërte reconnut, mais près de ce temple.

En effet, Saturnin venait de paraître sur la place du Capitole, suivi de deux diacres. Il était revêtu, par-dessus sa robe brune, de la tunique blanche que Valérie et Sidonie lui avaient préparée, et tenait dans sa main le bâton recourbé qui montrait qu'il était pasteur d'un nombreux troupeau de fidèles.

L'avertissement céleste qu'il avait reçu, avait prêté à sa physionomie, d'ordinaire noble et modeste, une assurance triomphante qui se traduisit facilement aux yeux de la foule en arrogance insolente.

Il est facile d'expliquer, par des considérations morales, comment de bonne foi ces premiers apôtres de la religion croyaient sincèrement recevoir du ciel des avis qui ne leur venaient que de la terre. Dans les heures où, rendus à la vie commune, ils se trouvaient en contact avec leurs concitoyens, ils apprenaient les choses ordinaires qui se passaient autour d'eux; des mots recueillis çà et là les avertissaient des fâcheuses dispositions du peuple à leur égard; des conseils leur étaient donnés, d'éviter ou d'arrêter son mécontentement; on rappelait à leur souvenir l'exemple de chrétiens qui avaient péri pour avoir voulu le braver; puis quand ces hommes, l'esprit tout plein de ces avis, rentraient dans leur solitude et exaltaient leurs pensées par la contemplation, le souvenir de tout ce qu'ils avait entendu se mêlait à cet appel extatique fait à la divinité, et il se trouvait qu'ils prêtaient au Très-Haut une pensée qui avait pris racine en eux-mêmes.

Saturnin, lorsqu'il passa sur la place du Capitole, se croyait donc sûr de marcher à une grande épreuve, et le courage avec lequel il venait l'affronter témoignait assez de la foi qu'il avait dans la religion qu'il professait.

A peine les premiers de la foule, qui étaient au pied des degrés qui précédaient le temple de Jupiter, eurent-ils aperçu Saturnin, qu'ils s'écrièrent d'une commune voix :

—Voilà le sacrilége!.., c'est lui, c'est Saturnin, dont les maléfices excitent la colère des dieux.

L'évêque dédaigna ces premiers cris et continua son chemin, en entonnant à haute voix les prières que jusque-là il n'avait fait que murmurer.

Cette audace exaspéra le peuple qui, se précipitant vers lui, le sépara de ses deux diacres, qui s'enfuirent et l'abandonnèrent lâchement ; on le traîna aussitôt, et quoiqu'il ne fît aucune résistance, vers le temple de Jupiter, et on le força à y pénétrer. Une fois qu'il fut en présence des prêtres, on le laissa libre, et le peuple se rangea autour d'eux, montrant ainsi qu'il comptait assister à une espèce de jugement.

La majesté sainte et puissante qui rayonnait sur le visage de Saturnin imposa d'abord aux prêtres; mais le regard de mépris qu'il jeta sur eux et sur les dieux qu'ils venaient d'invoquer excita leur colère; et Laërte, s'adressant à l'apôtre, lui dit :

— C'est donc toi dont les sacriléges excitent la colère des dieux et les rendent insensibles aux prières que nous leur adressons ?

— Eh bien! si tes dieux sont irrités, que ne me punissent-ils, et pourquoi la foudre de votre Jupiter ne m'a-t-elle pas déjà frappé? mais je les brave, et je défie leur puissance infernale.

— En disant ces paroles Saturnin fit le signe de la croix, car il ne se croyait pas en présence d'idoles insensibles, comme nous pourrions le supposer; les statues de la théogonie olympienne étaient pour les premiers chrétiens les images des démons, qui voulaient combattre la religion du Seigneur. En présence des singulières divinités auxquelles la superstition antique avait sacrifié, une telle opinion n'avait rien d'extraordinaire, et les autels dressés à la colère, à la peur, à la débauche, pouvaient passer pour des hommages au démon du mal.

Laërte en voyant ce signe de croix, devant lequel le temple était demeuré silencieux, après la manière dont Saturnin avait défié la colère de Jupiter, s'écria aussitôt.

— Voilà par quels charmes les magiciens comme toi imposent silence aux dieux! mais ce triomphe ne sera pas long, et tu vas leur rendre hommage.

—Comment veux-tu que je rende hommage à des dieux que je fais taire : c'est plutôt à eux à s'humilier devant moi.

La réponse de Saturnin, son audace à part, était d'une trop évidente logique pour qu'elle n'embarrassât pas un homme plus habile que Laërte : il ne repliqua donc rien à l'argument; mais saisissant sur l'autel le couteau ensanglanté, il le présenta à Saturnin, en lui disant :

—Immole ce taureau, sacrifie au dieux, ou redoute leur colère et la nôtre.

— J'ai déjà bravé la colère de tes dieux, et

je méprise la tienne, répondit Saturnin en repoussant le couteau.

— Frappez le chrétien, et qu'il meure! s'écria-t-on de tous côtés.

Laërte tenait le couteau ; et excité par les cris de la foule il frémissait de la position où il s'était placé ; il n'eût pas osé tuer Saturnin ; un pareil meurtre l'épouvantait ; cependant les cris continuaient.

— Frappe... frappe!... criait-on... Ce sera un sang plus agréable à Jupiter que celui de mille taureaux.

Laërte incertain ne sut que recommencer ce qu'il avait déjà dit, et répéta à Saturnin, en lui présentant encore le couteau sacré :

—Sacrifie cette victime à Jupiter; il y va de ton salut.

Cette demande de Laërte était faite pour lui-même presque autant que pour Saturnin, et dans ce moment l'apôtre lui eût rendu un service signalé, en le débarrassant de la position où il se trouvait placé en face du peuple.

Mais Saturnin repoussa encore le couteau avec plus de mépris que la première fois, et en prononçant quelques paroles que les murmures du peuple ne permirent pas de distinguer.

Les cris de mort recommencèrent avec plus de force; et déjà il s'y mêlait des menaces contre l'hésitation de Laërte, lorsqu'une voix glapissante, et qui sortit de derrière une colonne, donna un avis qui mit fin à toutes les irrésolutions :

—Changez les rôles, cria-t-elle : que le sacrificateur qui refuse devienne la victime, et la victime le sacrificateur; attachez Saturnin à la queue du taureau.

Ces paroles étaient à peine prononcées que Laërte, qu'elles tiraient d'embarras, s'écria :

— Les dieux ont dicté ce conseil : qu'il soit suivi!

Aussitôt la foule se précipita sur Saturnin et le renversa par terre; celui-ci ne fit aucune résistance, et se mit simplement à réciter tout haut les saintes prières qu'il avait interrompues. La foule, occupée à attacher Saturnin et à maintenir le taureau que ce tumulte et ces acclamations rendaient plus furieux, ne s'aperçut pas que celui qui avait donné le conseil, et qui n'était autre que Cilo, s'échappait du temple. Bien que les apprêts d'un pareil supplice dussent être bien courts, ils furent encore assez longs pour pouvoir faire fléchir un courage moins résolu que celui de Saturnin.

D'un autre côté, Laërte, épouvanté de cette exécution dont l'aspect le faisait frémir, maintenant qu'il l'avait sous les yeux, s'approcha encore une fois de Saturnin en l'exhortant à sacrifier à Jupiter.

— Non, non! s'écria-t-on de toutes parts.

— Arrêtez, reprit Laërte, il a consenti.

— Non, non! répéta-t-on encore avec fureur.

— Arrêtez, arrêtez! reprit Laërte, tandis qu'un tisserand serrant le dernier nœud de la corde, s'écria :

— Place, gare le chrétien!

— Oui, place, dit Saturnin, c'est mon triomphe qui commence.

La foule s'ouvrit et le taureau bondissant s'élança du côté de la porte. La tête du malheureux Saturnin se fracassa, dès les premiers bonds, aux angles de pierre des degrés du temple, et son supplice fut moins long que la multitude ne l'avait espéré. Il n'eut rien d'intéressant pour elle, le taureau s'enfuit en entraînant ce cadavre immobile; elle ne put se repaître, ni des cris de la victime, ni de ces convulsions, ni de cette atroce et furieuse agonie qu'elle avait espérée.

Toutefois suivit la foule pendant quelque temps, la course du taureau; mais le spectacle qu'elle s'était promis ne présentant rien d'attrayant à sa férocité, elle l'abandonna peu à peu. Enfin lorsqu'au détour d'une rue la corde à laquelle était attaché le cadavre, engagée dans un amas de pierres et de briques, se rompit tout à coup, il n'y eut plus personne ni pour relever le cadavre, ni pour l'insulter.

LES CHRÉTIENS.

Le peuple était revenu presque tout entier sur la place du Capitole, et, mal satisfait de la vengeance qu'il s'était promise, il en cherchait une nouvelle.

La seule qui lui fût possible devait naturellement se présenter à cette multitude en délire.

Les cris de mort aux chrétiens circulèrent d'abord sourdement dans la foule, et bientôt éclatèrent avec violence; et déjà les plus cruels, ou plutôt les plus exaspérés, se dirigeaient vers la petite église où l'on s'avait rassemblés les disciples de Saturnin, lorsque la place fût soudainement envahie par une troupe nombreuse de soldats qui repoussèrent le peuple, en ordonnant à tous les habitants de rentrer dans leurs maisons, sous peine d'être arrêtés et punis comme rebelles.

La passion qui animait la populace n'était que le fait d'une exaltation passagère mise en mouvement; aussi s'arrêta-t-elle devant le premier obstacle qu'elle rencontra, et presque aussitôt on la vit se disperser avec épouvante de tous côtés.

On put remarquer une singulière chose dans cette circonstance.

Les chrétiens avertis par d'autres magistrats de ce qui venait de se passer, et invités à se retirer chez eux, témoignèrent leur douleur par une courte prière, que d'un mouvement unanime ils adressèrent au Ciel en tombant à genoux; puis, s'étant relevés, ils prirent silencieusement et à pas lents le chemin de leur demeure. Bien qu'ils pussent penser que les mêmes hommes qui venaient d'égorger Saturnin, se porteraient à des actes de violence s'ils les rencontraient ainsi dans les rues, aucun ne hâta le pas et ne sembla fuir sa destinée probable, ni les fils accompagnant leurs pères, ni les mères emportant leurs enfants, ni les jeunes gens conduisant leur sœur ou leur fiancée.

Il y avait, dans ces premiers élus de la religion du Christ, une puissance de foi qui ne les abandonna pas à ce terrible moment, et ce fut un spectacle curieux que de voir, dans certaines rues, les meurtriers fuyant et se précipitant avec effroi dans leurs maisons; et leurs ennemis, marchant paisiblement et gravement au milieu d'eux, et laissant leur porte ouverte comme pour dire à la persécution d'entrer, et qu'ils étaient tout prêts à la recevoir.

On a sans doute compris d'où venait ce secours, arrivé trop tard pour Saturnin, mais assez tôt pour prévenir un massacre, que l'ivresse du meurtre, si facile à exalter, eût rendu épouvantable.

A peine Laërte avait-il ordonné qu'on mît à exécution le conseil homicide qui avait été donné dans le temple, par une voix inconnue, que Cilo s'était hâté de courir chez le sevir qui gouvernait la ville de Toulouse, et il lui dénonça Laërte, comme venant d'ordonner le meurtre d'un citoyen, sans que celui-ci eût été accusé ou convaincu d'un crime, sans même en appeler à la justice des véritables magistrats.

Ainsi Laërte, déjà tout tremblant de ce qui venait de se passer, avait été grandement surpris de ne point entendre invoquer son nom par le peuple, comme Cilo le lui avait promis : il resta stupéfait lorsque, au milieu du temple où il était demeuré avec quelques prêtres, il vit s'avancer les licteurs qui l'arrêtèrent au nom des magistrats de la ville.

Cette surprise redoubla encore, lorsqu'on lui eut dit de quoi il était accusé, et qu'on lui montra le délateur, qui déclara se porter délateur en faveur de Saturnin. L'épaisse intelligence du grand-prêtre demeura confondue, et il se perdit à chercher les fils de cette trame dont il était enveloppé.

VI.

Jusqu'à la fin de ce jour, cette ville, emprisonnée en elle-même, eut cet aspect morne qui est le partage du coupable après son crime. Ce fut partout une longue attente sans mouvement; on ne remarqua point que personne, enfermé dans sa maison, reprît ses travaux. Persécuteurs et victimes ne s'entretinrent que du sort de Saturnin. La douleur des disciples s'augmentait de l'incertitude qu'ils éprouvaient relativement au corps de l'apôtre. Le regret des meurtriers s'augmentait de l'inutilité de leur meurtre, qui commençait à leur être démontrée.

On n'entendait guère dans les rues que le passage rapide de quelques cavaliers qui les traversaient en portant des ordres. Ce bruit, si isolé, si léger qu'il fût, jetait l'épouvante dans les maisons, chacun ignorant si ce n'était pas lui-même qu'on venait arrêter. La terreur fut si grande, que la nuit arriva sans que les fidèles pensassent à se rassembler.

Lorsqu'ils étaient dans l'église, fortifiés par la présence les uns des autres, ils auraient tous bravé la mort. Dans ce jour de sainte cérémonie, tant qu'ils étaient restés pour ainsi dire en présence de ce Dieu avec lequel ils allaient communier, le sentiment exalté du devoir religieux les avait élevés au-dessus des vaines craintes de la terre, et ce courage avait duré tant que le péril était resté le même et dans les mêmes conditions.

Une fois que chacun se trouva renfermé

dans sa maison, ce sentiment commun, qui avait fait dominer le chrétien sur l'homme, s'affaiblit peu à peu. Dans la rue et en présence des persécuteurs les forts avaient soutenu les faibles; dans l'enceinte du foyer et loin de tous les regards, ce furent les faibles qui firent plier les forts; et si une image nous est permise, ce ne fut pas en leur imposant leur volonté, comme celui qui courbe une tête sous son pied, ce fut en s'attachant à leur cou et à leurs mains, et en les priant à genoux. Ce furent les filles éplorées, les femmes et les petits enfants, qu'il fallait abandonner pour aller accomplir un nouveau devoir. Ailleurs le désespoir d'un père et d'une mère arrêtèrent les jeunes gens; partout il se trouva des sentiments de famille qui se firent écouter : et cependant il restait à tous ces malheureux un remords cruel dans le cœur. Après que leur saint évêque était mort pour eux, aucun n'osait aller s'occuper de ce qu'était devenu son cadavre; chacun espérait, sans oser se le dire, que de plus dévoués rempliraient le devoir de tous, et demeurait inactif dans cette espérance.

Qu'était cependant devenu le corps de Saturnin ? Il gisait à la place où le taureau l'avait laissé. Ni amis ni ennemis n'avaient osé le relever. Le magistrat qui aurait dû prendre ce soin ne l'avait pas voulu. Relever ce cadavre, pour le faire inhumer honorablement, était une démonstration de blâme contre le peuple, et d'estime pour les chrétiens, que ce magistrat n'eût pas osé tenter. Mais il n'eût pas osé davantage faire enlever ce cadavre pour le traîner aux Gémonies; car c'était s'associer au crime du peuple, contre l'homme dont la vertu inspirait le respect à ceux qui n'y puisaient pas leur foi.

L'édile, en passant près de ce corps avec les licteurs qui l'accompagnaient, détourna la tête et pressa le pas. Il espéra que les chrétiens s'empareraient de ces mortelles dépouilles, qui devaient leur être devenues sacrées, s'épargna ainsi l'injure qu'il n'osait faire aux restes sanglants du martyr, et abandonna à d'autres le danger de lui donner une honorable sépulture.

Mais ce courage, sur lequel l'édile avait compté, eût laissé ce corps exposé aux outrages de ses meurtriers, s'il n'avait dû se rencontrer que parmi ceux chez qui on devait d'abord le supposer. Le courage avait déserté toutes les maisons où demeuraient des hommes forts et de nombreuses familles, il s'était réfugié sous l'humble toit de deux enfants presque abandonnés, sans parents, sans amis, sans affection : car ce n'est pas une affection que cet intérêt public qui s'attache à la vertu. Sans doute hors de la maison il fait bon vivre dans un air de considération qui élève l'ame et la réconforte ; mais passé le seuil, à l'heure où les douleurs et les joies parlent dans le cœur, il est triste et affreux de n'avoir à pleurer ni à sourire avec personne.

Croira-t-on que parce que Sidonie et Valérie étaient deux sœurs, chacune représentait pour l'autre cette affection nécessaire à la vie ? Il n'en était pas ainsi ; et c'est une contradiction étrange du cœur humain, qu'une union trop entière de deux vies, qu'une conformité complète de desirs, d'espérances, d'opinions, finit par produire une unité d'existence qui fait l'isolement à deux, et a besoin d'un appui comme si elle était seule.

Voilà comme étaient Sidonie et Valérie, un même malheur, une même vertu, une même résignation, une même espérance, n'en avaient fait qu'une ame en deux corps. Aussi lorsqu'elles résolurent ensemble d'aller visiter les lieux où Saturnin avait subi son martyre, aucune ne s'arma du danger de l'autre pour essayer de l'arrêter; et comme Véronique était allée se reposer, rien ne les avertit qu'elles faisaient devant les hommes un grand acte de courage. Isolées en présence de Dieu, n'ayant que sa voix pour conseil, tout leur semblait facile, et elles sortirent de leurs maisons tristes, et plutôt calmes que fortes.

Après ce jour funeste la nuit était venue calme et belle; elle brillait de toute la lumière qui peut descendre du ciel à l'heure de minuit. La lune était au plus haut de sa marche, et rien n'agitait l'air qui semblait se reposer du tumulte du jour, rien ne troublait le silence qui avait succédé aux vociférations barbares du matin.

D'abord les deux jeunes filles marchèrent silencieusement à côté l'une de l'autre, et se dirigèrent vers la place du Capitole. Par une confiance dans les autres, égale à celle qu'elles avaient en elles mêmes, elles s'attendaient à trouver beaucoup de leurs frères sur le chemin. Elles marchèrent ainsi longtemps, et, ne découvrant personne, elles commencèrent à s'alarmer; ce ne fut pas contre les disciples absents : ce fut contre leur propre lenteur.

— Nous sommes arrivées trop tard, dit Valérie, et nous ne verrons pas les restes du saint martyre qui s'est accompli aujourd'hui.

— Tu as raison, répondit Sidonie, hâtons-nous.

Elles pressèrent le pas en examinant si elles ne verraient pas sortir quelqu'un des maisons silencieuses devant lesquelles elles passaient, écoutant si elles n'entendraient point un pas furtif se pressant sur leurs pas, ou le devançant. Rien ne vint frapper leurs regards, rien n'arriva à leurs oreilles, et elles s'entre-regardèrent avec honte.

Ces deux seuls jeunes courages, qui osaient remplir la mission de tous, croyaient faire si peu de chose qu'ils n'osaient que s'accuser d'avoir manqué à ce saint rendez-vous.

Elles arrivèrent, sous cette impression de désespoir, jusque sur la place du Capitole. Les temples des divinités païennes la bordaient de tous côtés, et leurs blanches colonnades se dessinaient comme des rangées de fantômes aux regards des jeunes filles. Du reste la place était déserte comme les rues, silencieuse comme elles.

Le cœur de Sidonie et de Valérie s'ouvrit un moment à la crainte. La solitude éclairée de la nuit est effrayante pour les plus fermes cœurs et pour les plus indifférents, devait-elle rester sans pouvoir sur des jeunes filles qui venaient pour ainsi dire continuer une lutte avec les esprits infernaux qui habitaient ces temples et qui étaient demeurés vainqueurs sinon de la foi, du moins de la vie de leur plus terrible antagoniste.

Ce qui soutint peut-être leur courage fut la faute dont elles s'étaient accusées. Dans l'opinion où elles étaient qu'elles avaient attendu trop tard pour participer aux honneurs funèbres que les chrétiens voulaient rendre à Saturnin, elles sentirent le besoin de racheter ce péché en s'unissant, autant que possible, au dévouement qui les avait précédées. Elles tentèrent donc de rejoindre leurs frères.

Une seule trace pouvait les guider dans la découverte qu'elles voulaient faire, c'était la trace du sang de la victime; elles savaient qu'elle était sortie, pour son triomphe, du temple de Jupiter, et montèrent intrépidement sur les marches de ce temple.

Sans doute leurs pieds tremblaient lorsqu'elles les posèrent sur la pierre détestée de ce temple sacrilége; mais lorsqu'à la clarté de la lune elles aperçurent les premières gouttes de ce sang précieux sur le marbre, une sainte inspiration les saisit, et il leur sembla que

Dieu ne les abandonnait pas. Leur premier soin fut d'essuyer, avec les blanches toiles de lin dont elles s'étaient munies, ce sang qui ne devait pas être mêlé à la poussière et à la boue qui salirait bientôt ces degrés; et elles continuèrent, s'étonnant qu'on leur eût laissé tant à glaner dans un champ où elles croyaient que les moissonneurs avaient passé.

Elles allèrent ainsi lavant chaque place, et recueillant de distance en distance des lambeaux de vêtements, des débris sanglants, d'affreux témoignages du supplice qu'elles n'avaient pas vu, mais qu'elles devinaient avec horreur.

Ce fut par cette trace où elles s'arrêtèrent souvent pour prier, et qu'elles parcoururent courbées et le plus souvent se traînant à genoux, qu'elles arrivèrent à l'angle de la rue où était le cadavre de Saturnin. Et alors, le trouvant seul et abandonné, elles regardèrent avec stupéfaction autour d'elles, et puis se regardèrent avec confusion; mais la confusion n'était plus pour elles. La confusion qu'elles éprouvèrent était pour les disciples de l'apôtre.

— Ainsi nul de nos frères n'est venu, dit Sidonie.

— Mon Dieu, prenez-les en commisération, dit Valérie en levant les mains au ciel.

— Dieu les jugera dans le ciel, répondit sa sœur, et peut-être sa miséricorde trouvera-t-elle qu'ils ne sont pas si coupables que nous le pensons.

— Mais les hommes les jugeront sur la terre, et le mépris de leurs ennemis les frappera; l'indignation de nos frères des autres contrées les rejettera comme indignes.

— Il n'en sera pas ainsi, ma sœur, dit Valérie, si Dieu nous donne la force d'enlever d'ici ce cadavre.

— Tu as raison, et c'est à nous de racheter le péché de nos frères. Notre dernier entretien avec ce saint ne semble-t-il pas nous avoir donné cette mission.

— Ne prononce pas des paroles d'orgueil en ce fatal moment. Si c'est à nous que Dieu a réservé de remplir ce devoir sacré, c'est sans doute pour montrer quelle force il donne aux faibles, et combien ils deviennent puissants sous sa main.

Dans cette religieuse intention, ces deux jeunes filles essayèrent de soulever ce cadavre et de l'emporter; mais la force leur manqua. Elles eussent pu peut-être, en s'attachant à la corde qui liait les pieds de Saturnin, le traîner derrière elles ; mais il leur eût semblé, malgré l'intention qu'elles avaient de le soustraire aux insultes de ses ennemis, que c'eût été continuer le sacrilége qui l'avait amené là.

Dans les cœurs où la foi domine, tout s'explique facilement en faveur de ce qui arrive. L'obstacle ne devient pas une impossibilité, mais un avertissement. Ainsi ces deux jeunes filles ne se désespérèrent pas de ne pouvoir enlever ce cadavre; mais, avec la foi puissante qu'elles avaient de pouvoir tout ce que Dieu eût voulu, elles pensèrent qu'il ne voulait pas ce qu'elles ne pouvaient pas.

— Ma sœur, dit Valérie, ces restes sacrés doivent demeurer ici; ils y seront un témoignage plus auguste du saint martyre que Saturnin y souffrit.

— Oui, sans doute, reprit Sidonie ; mais doit-il y rester exposé aux vents, à la pluie, à l'insulte des passants, à la dent des chiens affamés?

— Ne pouvons-nous lui creuser sa fosse à cet endroit?

— Ne pouvons-nous lui élever son tombeau? doit-il rester cacher sous la terre ?

— C'est Dieu qui t'inspire, je l'espère du moins ? Oh! prions-le cette fois de nous éclairer et de nous prêter la force pour nous montrer qu'il agrée notre entreprise.

Elles s'agenouillèrent donc toutes deux, et, après une prière fervente, elles se relevèrent en silence.

Aussitôt elles prirent de leurs blanches mains et roulèrent avec effort, tout le long de ce cadavre, les pierres les plus lourdes et les plus égales qu'elles purent trouver dans les matériaux, près desquels la corde du supplice s'était brisée. Elles bâtirent ainsi de chaque côté une espèce de petit mur, qui s'éleva bientôt aussi haut que le corps qu'elles voulaient cacher. Puis elles posèrent en travers les dales légères qui devaient revêtir les murs de la maison à laquelle elles prenaient de quoi faire une tombe, et, à force de travail elles recouvrirent complétement le corps du martyr. Elles chargèrent de pierres mal jointes la voûte grossière qu'elles avaient formée, elles en fermèrent les extrémités, et ne sentirent la fatigue de ce terrible labeur que quand il fut achevé.

— Maintenant, dit Sidonie, il faut nous retirer.

— Oui, reprit Valérie ; mais Dieu nous permettra de prendre un moment de repos et de le remercier de l'aide qu'il nous a donné.

L'ardeur qu'elles avaient mise à leur travail les avait empêché de remarquer qu'un homme s'était glissé dans l'ombre, au coin opposé de la rue, et que là, caché parmi les pièces de bois qui étaient sur le sol, il les avait observées avec une persévérance égale à la leur.

Peut-être, quand le travail fut achevé, elles auraient aperçu cet homme ; mais dès qu'elles se furent assises près du simple monument qu'elles venaient d'élever, le sommeil les gagna, et toutes deux s'endormirent la tête appuyée sur la pierre qui protégeait le saint martyr.

L'homme qui avait observé les jeunes filles était Cilo ; il avait calculé qu'il se trouverait des chrétiens qui voudraient s'emparer du cadavre de Saturnin, et il était venu, comme le chasseur qui a laissé une proie pour tenter la faim des bêtes fauves, voir s'il ne trouverait pas quelques victimes à prendre à cet appât. Il n'aperçut que Sidonie et Valérie : c'était bien peu, mais c'était encore l'occasion d'une délation, et il y en avait de tous prix.

Dès que l'infâme les vit endormies, il courut donc chez le préteur et lui annonça ce dont il venait d'être témoin.

Celui-ci reçut cette dénonciation avec douleur, mais il n'osa la repousser : c'était une singulière servilité que celle des magistrats qui obéissaient aux misérables à qui il plaisait d'inventer un crime ou de le révéler. Le préteur appela donc ses licteurs et se dirigea vers l'endroit où était le corps de Saturnin.

Il n'y arriva pas le premier; déjà beaucoup de peuple entourait cet endroit sacré, les uns chrétiens, les autres partisans des dieux de l'Olympe; tous cependant immobiles et silencieux autour de cette tombe sur laquelle le sommeil de ces deux jeunes filles semblait veiller.

Le préteur, à ce spectacle, s'arrêta comme les autres; comme les autres il garda le silence, ne se sentant pas le courage de troubler ce saint sommeil : c'était une attente pleine d'admiration qui occupait tous les cœurs.

Enfin les jeunes filles s'éveillèrent, et, s'étant levées, elles regardèrent tout le monde qui les regardait, et ne s'expliquant ni cette présence, ni ce silence, elles se tendirent la main, et, ne s'occupant pas du sort qui leur était réservé, elles marchèrent le front haut et les yeux baissés et reprirent le chemin de leur maison. La foule s'ouvrit devant elles, les chrétiens tombèrent à genoux, les païens découvrirent leur tête, le préteur les salua et les licteurs baissèrent leurs faisceaux.

Quelques jours après, une nouvelle voûte forte et cimentée recouvrait la voûte fragile élevée par la main des saintes Puelles (sanctæ puellæ), car elles étaient devenues saintes aux yeux de tous. Quelques siècles après, une magnifique église recouvrait encore ces deux voûtes et s'appelait l'église du Taureau, devenue aujourd'hui l'église de la Daurade : mais ni la voûte misérable ni la riche église ne gardèrent les restes de Saturnin ; ils furent transportés dans l'église qui porte son nom et qui n'a que la moitié des souvenirs de ce glorieux martyr. L'autre moitié a été longtemps reléguée dans une pauvre chapelle, et peut être ne reste-t-il plus à Toulouse aucune trace du culte que les fidèles avaient voué aux saintes Puelles.

FIN DU SECOND VOLUME.

TABLE

DU SECOND VOLUME.

LES ROMAINS.

Silia.	I.	5
	II.	45
	III.	95
	IV.	151
	V.	184
	VI.	203
	VII.	221
	VIII.	245

LES CHRÉTIENS.

Les Saintes Puelles.	I.	269
	II.	299
	III.	325
	IV.	359

FIN DE LA TABLE.

PUBLICATIONS

DE LA LIBRAIRIE

D'AMB^se^ DUPONT,

7, RUE VIVIENNE.

———

PARIS, 15 JUILLET 1836.

Prochaines publications.

OUVRAGES
DE
M. Frédéric Soulié.

RÉIMPRESSION DE :

LE VICOMTE DE BÉZIERS............... 2 vol. in-8°.
LE MAGNÉTISEUR...................... 2 vol. in-8°.
LE COMTE DE TOULOUSE............... 2 vol. in-8°.
LE CONSEILLER D'ÉTAT................ 2 vol. in-8°.
Etc., etc.

OUVRAGES INÉDITS :
LES MÉMOIRES
DU

2 vol. in-8°. — Prix : 15 fr.

ROMANS
historiques
DU LANGUEDOC.

2ᵉ *Livraison.* — 2 vol. in-8°. — Prix : 15 fr.

LE
COMTE DE FOIX,

2 vol. in-8°. — Prix : 15 fr.

OUVRAGES
DE
M. X.-B. Saintine.

PICCIOLA.

1 vol. in-8°. — Prix : 7 fr. 50.

CET OUVRAGE SERA PUBLIÉ LE 1ᵉʳ AOUT.

2 vol. in-8°. — Prix : 15 fr.

OUVRAGES

DE

Michel Masson.

Une Couronne D'ÉPINES,

2 vol. in-8°. — Prix : 15 fr.

CET OUVRAGE PARAITRA LE **15** AOUT.

MARIE GEORGE,

OU

LA FAMILLE.

2 vol. in-8°. — Prix : 15 fr.

HISTOIRE SUÉDOISE,

2 vol. in-8°. — Prix : 15 fr.

CHARLES
DE NAVARRE,
ou
LE CLERC DE CATALOGNE,
par M. Mortonval.

2 vol in-8°. — 15 fr.

Cet ouvrage paraîtra le 10 septembre.

LE GANTIER
D'ORLÉANS,
(1560).
par J. B. P. Lafitte.

2 vol. in-8°. — Prix : 15 fr.

OR ET FER,
par M. Félix Piat.

2 vol. in-8°. — Prix : 15 fr.

Publications en vente.

La 3ᵐᵉ Édition entièrement revue et corrigée

DU

CHEMIN

DE

TRAVERSE,

Par M. Jules Janin.

2 vol. in-8°. — Prix : 15 fr.

ROMANS

historiques

DU LANGUEDOC.

Par Frédéric Soulié.

1ʳᵉ *Livraison*. — 2 vol. in-8°. — Prix : 15 fr.

DOUBLE

CHRONIQUE DU XIIIᵉ SIÈCLE ;

PAR

M. LE Vᵗᵉ D'ARLINCOURT.

5ᵉ édition ; 2 vol. in-8". — Prix : 15 fr.

LE BRASSEUR-ROI,

CHRONIQUE FLAMANDE DU XIVe SIÈCLE ;

Par M. le Vicomte d'Arlincourt.

4° édition, 2 vol. in-8°, vignettes de Jules David, gravées par Lacoste frères. — Prix : 15 fr.

5° édition, 4 vol. in-12. — Prix : 10 fr.

ÉTUDES POLITIQUES

ET

HISTORIQUES,

Par l'auteur de la Revue politique de l'Europe en 1825, des Nouvelles Provinciales, etc., etc. ;

1 beau vol. in-8°. — Prix : 8 fr.

MADEMOISELLE

DE

MONTPENSIER,

par M. Théod. Muret.

2° ÉDITION.

2 vol, in-8° — Prix : 15 fr.

— 8 —

Napoléon

POÈME,

PAR

M. Edgar Quinet.

2e édition; 1 volume in-8°. — Prix : 7 fr. 50 c.

UN SECRET

D'ÉTAT,

par Mortonval.

1 vol. in-8°. — Prix : 7 fr. 50,

LE CANDIDAT,

ROMAN DE MŒURS IRLANDAISES,

Traduit de l'anglais de BANIM,

Par la Baronne de **LOS VALLÈS**.

2 vol. in-8°. — Prix : 15 fr.

LE CONSEILLER D'ÉTAT,

PAR FRÉD. SOULIÉ.

3e édition, 2 volumes in-8°. — Prix : 15 francs.

ALEXIS PÉTROWITCH,

Par MM. Arnould et Fournier,

AUTEURS DE STRUENSÉE.

3e édition, 2 vol. in-8°. — 15 fr.

STRUENSÉE,

HISTOIRE DANOISE DE 1769 ;

PAR N. FOURNIER ET AUGUSTE ARNOULD.

4° ÉDITION.

2 vol. in-8°, ornés de vignettes de Jules David. — Prix : 15 fr.

MÉMOIRES DE FLEURY

DE LA COMÉDIE FRANÇAISE.

Tomes 1er, 2e et 3e. — Prix de chaque volume : 7 fr. 50 c.
Le tome 4e paraîtra le 25 août, et le 5e et dernier fin octobre.

UNE MAITRESSE
DE
LOUIS XIII

PAR M. X.-B. SAINTINE.

3e édition, 2 vol. in-8°, papier fin satiné. — Prix : 10 fr.

LE

Par X.-B. Saintine,

4e édition : 1 vol. in-8°, orné d'une vignette de Tony Johannot.
Prix : 5 fr.

Robert
LE MAGNIFIQUE,

PAR LOTTIN DE LAVAL.

3ᵉ édition, 2 vol. in-8°. — Prix : 15 fr.

MARIE
DE MÉDICIS,

PAR LOTTIN DE LAVAL.

2 vol. in-8°, avec vignettes de JULES DAVID. — 15 fr.

SOUS
LES VERROUS,

PAR HIPPOLYTE RAYNAL,

Auteur de *Malheur et Poésie*.

1 vol. in-8°. — Prix : 7 fr. 50 c.

THADÉUS

LE RESSUSCITÉ,

PAR MICHEL MASSON ET AUGUSTE LUCHET.

4e édition, 2 vol. in-8°. — 15 fr.

Le Chevalier

DE

SAINT-PONS,

HISTOIRE DE 1784;

par M. Théodore Muret.

2e édition, 2 vol. in-8°, ornés de gravures de FAUCHERY, d'après les dessins de JULES DAVID. — Prix : 15 fr.

GEORGES,

OU

UN ENTRE MILLE,

par M. Théodore Muret.

2e édition, 1 vol. in-8°.—7 fr. 50 c.

LA GRANDE  DE MALTE

(1565);

PAR M. DE LA MADELAINE,
Auteur du *Justicier du Roi*.

2ᵉ édition, 2 vol. in-8°. — Prix : 15 fr.

Christ et Peuple

PAR M. AUGUSTE SIGUIER.

1 vol. in-8°, papier fin satiné. — Prix : 7 fr. 50 c.

LES GUÉRILLAS,

PAR

M. LE COMTE DE LOCMARIA.

2 vol. in-8°. — Prix : 15 fr.

AVENTURES D'UN MARIN

DE LA GARDE IMPÉRIALE,

Prisonnier de guerre en Russie ;

PAR M. HENRI DUCOR.

2ᵉ édition, 2 volumes in-8°, 4 vignettes. — Prix : 15 fr.

MON AMI NORBERT,

Histoire Contemporaine,

PAR M. MORTONVAL,

Auteur du *Comte de Villamayor*, de *Fray Eugenio*, de *don Mortin Gill*, du *Capucin du Marais*, etc., etc.

2ᵉ ÉDITION, 3 VOL. IN-12. — 8 FR.

Le Capucin

DU MARAIS,

Histoire de 1750;

PAR M. MORTONVAL.

2ᵉ édition, 4 vol. in-12. 14 fr.

Le Vagabond,

PAR M. MERVILLE.

4 vol. in-12, 2ᵉ édition. — Prix : 8 fr.

LE BARON
DE L'EMPIRE,

PAR M. MERVILLE.

5 vol. in-12; 2ᵉ édition. — Prix : 15 fr.

Pour paraître le 1ᵉʳ août.

PICCIOLA,

par X.-B. Saintine.

1 vol. in-8°. — Prix : 7 fr. 50 cent.

Pour paraître le 15 août.

UNE

COURONNE

D'ÉPINES,

par Michel Masson.

2 vol. in-8°. 15 fr.

Pour paraître le 10 septembre.

CHARLES DE NAVARRE,

ou

LE CLERC DE CATALOGNE,

par Mortonval.

2 vol. in-8°. — Prix : 15 francs.

Imprimerie d'ADOLPHE ÉVERAT et Cⁱᵉ, rue du Cadran, 16.

www.ingramcontent.com/pod-product-compliance
Lightning Source LLC
Chambersburg PA
CBHW070441170426
43201CB00010B/1176